海南大学2019年度人文社会科学高水平学术著作出版资助项目

经济管理学术文库·管理类

新企业知识共享、动态能力与竞争优势

Knowledge Sharing, Dynamic Capability and Competitive Advantage of New Venture

李佳宾／著

图书在版编目（CIP）数据

新企业知识共享、动态能力与竞争优势/李佳宾著. —北京：经济管理出版社，2020.1
ISBN 978 - 7 - 5096 - 7007 - 1

Ⅰ.①新… Ⅱ.①李… Ⅲ.①企业管理—知识管理—研究—中国 Ⅳ.①F279.23

中国版本图书馆 CIP 数据核字（2020）第 021655 号

组稿编辑：郭　飞
责任编辑：曹　靖　郭　飞
责任印制：黄章平
责任校对：董杉珊

出版发行：经济管理出版社
　　　　　（北京市海淀区北蜂窝 8 号中雅大厦 A 座 11 层　100038）
网　　址：www.E - mp.com.cn
电　　话：(010) 51915602
印　　刷：北京玺诚印务有限公司
经　　销：新华书店
开　　本：720mm×1000mm/16
印　　张：11.5
字　　数：181 千字
版　　次：2020 年 10 月第 1 版　　2020 年 10 月第 1 次印刷
书　　号：ISBN 978 - 7 - 5096 - 7007 - 1
定　　价：78.00 元

·版权所有　翻印必究·
凡购本社图书，如有印装错误，由本社读者服务部负责调换。
联系地址：北京阜外月坛北小街 2 号
电话：(010) 68022974　　邮编：100836

前　言

　　新企业在面临新生劣势和高度不确定性的环境背景下如何建立竞争优势是目前学者们争相探讨的重要课题。本书借鉴知识基础观、动态能力理论以及竞争优势相关理论，构建了知识共享、动态能力与新企业竞争优势之间的理论关系作用路径模型，并利用海口、深圳等地的六个案例进一步对模型予以验证和修订。在此基础上，我们通过系统的理论分析和逻辑推导，提出五个大类假设（包括20个子假设）。随后，基于广州、深圳、珠海、东莞、海口、三亚等城市的246份有效问卷的深度实证分析，对相关假设进行了验证，发现绝大多数假设都得到了数据的支持。该实证分析结果也很好地证实了我们提出的理论模型。通过系统分析和实证检验，本书得出以下四个主要结论。

　　（1）知识共享是新企业获得竞争优势的重要基础。本书通过实证研究显示，从知识共享（划分为显性知识共享和隐性知识共享）的两个维度来看，都对新企业竞争优势产生积极的作用。该研究结果很好地证实了知识基础观和知识管理理论所强调的，知识作为一类特殊的资产，对其加以有效共享和传播将对新企业的竞争优势产生积极的推动作用。

　　（2）动态能力积极地促进了新企业竞争优势的建立。动态能力作为难以被模仿的核心能力，是新企业应对内、外部变革环境，重新配置内部资源的关键性能力。本研究的实证分析结果显示，动态能力的三个维度：吸收能力、适应能力和创新能力，均积极提升了新企业的竞争优势。本书的研究结论也很好地与战略管理领域的动态能力理论呼应，新企业应当积极构建动态能力，以便更好地应对外部竞争并建立优势。

（3）知识共享对于新企业动态能力的构建产生了积极的推动作用。知识资源是构建动态能力的重要基础，知识共享则通过提高知识的深度和广度，来作用于动态能力。本书的实证研究表明，显性知识共享和隐性知识共享均能积极地提高新企业的动态能力。该研究结果为新企业持续地构建动态能力提供了理论支撑。

（4）动态能力是知识共享对新企业竞争优势产生作用的关键路径。我们发现，知识共享不仅直接影响新企业竞争优势的建立，还会通过动态能力间接作用于竞争优势，即动态能力是知识共享影响竞争优势的重要路径。该研究结果不仅证实了动态能力在知识共享与竞争优势间的中介效应，还进一步深化了已有的知识管理理论，发现了动态能力视角可以很好地解释知识共享对新企业竞争优势的作用机制。

本书针对新企业知识共享、动态能力与竞争优势的关系展开研究，较好地弥补了已有理论研究的不足，体现出较高的创新性和较好的理论价值。具体的理论贡献体现为以下四个方面：

（1）立足于新企业特征，探讨了知识共享概念，并将其分为显性知识共享和隐性知识共享两个维度，深入揭示新企业知识共享的特征，这是知识管理领域的重要问题。已有的知识管理研究主要关注了知识获取，而作为知识管理的核心环节和重要问题之一的知识共享的研究却相对不足，并且已有的少量研究关注的也是成熟企业而非新企业。本研究对新企业知识共享的概念提炼和维度分析有助于弥补已有知识管理研究的不足。

（2）从知识共享角度分析了新企业如何获取建立竞争优势。新企业面临着较多的不确定性，如何获取竞争优势一直困扰着新企业的创业者。已有的研究主要基于资源基础和战略选择来加以分析，而对于资源匮乏、难以利用固定战略的新企业而言，二者均难以带来持续的竞争优势。本书基于此提出新企业通过积极推动知识共享来获取持续的竞争优势，较好地弥补了已有竞争优势理论研究的不足。

（3）提出了动态能力在知识共享与新企业竞争优势间的中介效应，建立知识共享对新企业竞争优势的作用路径模型，并通过大规模的问卷调查进行实证检验，深入揭示知识共享对新企业竞争优势的作用机理。已有的研究很少关注知识共享如何作用于新企业，本书提出新企业在知识共享过程中会提升动态能力，继而影响竞争优势，从而指导新企业在进行知识共享的同时，注重动态能力的构建，以便更好地获取竞争优势。

（4）探讨了影响知识共享与新企业竞争优势间关系的情境因素，揭示了集体主义文化的调节作用。先前的研究更多地关注了知识共享影响因素或知识共享对竞争优势的直接作用，忽略了反映中国转型经济创业环境特征的集体主义文化在这一影响过程中的作用。基于此，本书揭示了集体主义文化在知识共享与竞争优势间的情境转化作用，很好地弥补了已有理论研究的不足。

本书结合知识管理理论和动态能力理论，探讨了新企业如何通过有效的知识共享以构建动态能力，从而实现竞争优势提升这一理论话题，对于创业实践也具有重要的启示意义。

首先，知识共享是新企业利用知识资源克服"新生劣势"的法宝。新企业创始人或管理者应该充分激励知识共享，建立共同信任和共同愿景来打破知识垄断和主体间的差异，促进互惠的知识共享氛围，以克服"新生劣势"并形成竞争优势。

其次，新企业应注重动态能力的构建，以高效利用知识共享行为去建立持续的竞争优势。动态能力体现的是组织重构资源和能力以应对外部环境变革的能力，是企业难以被模仿的核心能力。因此，包括吸收能力、适应能力和创新能力在内的动态能力构建对于处于高度不确定性状态中的新企业而言至关重要。显性知识共享和隐性知识共享行为是组织知识不断被积累和持续被更新的过程。无论是知识的丰富程度还是知识的深度都随着知识在组织内部的有效共享而得到强化。这为新企业构建动态能力奠定了基础。

综上所述，新企业应当放眼于未来，从长远角度出发，在组织内部建立动态能力，进而帮助新企业确立在行业中的竞争地位和市场优势。

目 录

第1章 绪论 ·· 1

 1.1 选题背景 ··· 1
  1.1.1 实践背景 ·· 1
  1.1.2 理论背景 ·· 4
 1.2 研究意义 ··· 6
  1.2.1 理论意义 ·· 6
  1.2.2 现实意义 ·· 8
 1.3 研究内容 ··· 9
 1.4 研究方法和技术路线 ··· 12
  1.4.1 研究方法 ·· 12
  1.4.2 技术路线 ·· 13

第2章 理论基础及文献综述 ··· 14

 2.1 相关基础理论 ··· 14
  2.1.1 资源基础理论 ·· 14
  2.1.2 知识基础理论 ·· 17
  2.1.3 知识管理理论 ·· 19

2.1.4 动态能力理论 ··· 21

2.2 相关文献综述 ·· 23

2.2.1 新企业相关研究 ··· 23

2.2.2 知识共享相关研究 ·· 24

2.2.3 动态能力相关研究 ·· 34

2.2.4 新企业竞争优势相关研究 ··· 44

2.2.5 组织文化相关研究 ·· 45

2.3 本章小结 ··· 46

第3章 理论模型构建与案例验证 ·· 48

3.1 核心变量的内涵及维度 ··· 48

3.1.1 知识共享的内涵及维度划分 ······································ 48

3.1.2 动态能力的内涵及维度划分 ······································ 50

3.1.3 新企业竞争优势的内涵 ·· 51

3.2 理论模型构建 ··· 51

3.3 相关案例 ··· 55

3.3.1 研究设计 ·· 55

3.3.2 案例企业介绍 ·· 58

3.3.3 案例分析和模型验证 ··· 62

3.4 本章小结 ··· 70

第4章 研究假设的提出 ·· 71

4.1 知识共享与新企业竞争优势的关系 ·································· 71

4.1.1 显性知识共享与新企业竞争优势的关系 ······················ 73

4.1.2 隐性知识共享与新企业竞争优势的关系 ······················ 74

4.1.3 隐性知识共享与显性知识共享间的关系 ······················ 76

4.2 动态能力与新企业竞争优势的关系 ·································· 77

4.2.1　吸收能力与新企业竞争优势的关系 …………………… 79
　　4.2.2　适应能力与新企业竞争优势的关系 …………………… 80
　　4.2.3　创新能力与新企业竞争优势的关系 …………………… 82
4.3　新企业知识共享与动态能力的关系 ………………………………… 83
　　4.3.1　新企业知识共享与吸收能力的关系 …………………… 85
　　4.3.2　新企业知识共享与适应能力的关系 …………………… 86
　　4.3.3　新企业知识共享与创新能力的关系 …………………… 87
4.4　动态能力的中介作用 ………………………………………………… 89
　　4.4.1　吸收能力在知识共享与新企业竞争优势间的中介作用 …… 90
　　4.4.2　适应能力在知识共享与新企业竞争优势间的中介作用 …… 92
　　4.4.3　创新能力在知识共享与新企业竞争优势间的中介作用 …… 93
4.5　组织文化的调节作用 ………………………………………………… 94
4.6　本章小结 ……………………………………………………………… 96

第5章　研究设计 …………………………………………………………… 97

5.1　科学的研究过程 ……………………………………………………… 97
5.2　问卷设计 ……………………………………………………………… 98
5.3　数据收集与样本特征 ………………………………………………… 101
　　5.3.1　数据收集 …………………………………………………… 101
　　5.3.2　样本特征 …………………………………………………… 103
5.4　变量测量 ……………………………………………………………… 105
　　5.4.1　知识共享 …………………………………………………… 105
　　5.4.2　动态能力 …………………………………………………… 106
　　5.4.3　组织集体主义文化 ………………………………………… 108
　　5.4.4　新企业竞争优势 …………………………………………… 109
　　5.4.5　控制变量 …………………………………………………… 110
5.5　问卷有效性检验 ……………………………………………………… 110

5.5.1　数据同源性偏差检验 ………………………………… 110
　　5.5.2　效度与信度检验 ……………………………………… 111
5.6　本章小结 …………………………………………………… 113

第6章　实证分析与结果讨论 …………………………………… 114

6.1　描述性统计与相关性分析 …………………………………… 114
6.2　实证分析 ……………………………………………………… 115
　　6.2.1　知识共享对新企业竞争优势的影响检验 …………… 115
　　6.2.2　动态能力对新企业竞争优势的影响检验 …………… 117
　　6.2.3　知识共享对动态能力的影响检验 …………………… 119
　　6.2.4　动态能力的中介作用检验 …………………………… 122
　　6.2.5　组织文化的调节效应检验 …………………………… 126
6.3　结果分析与讨论 ……………………………………………… 127
6.4　对新企业的启示 ……………………………………………… 134
6.5　本章小结 ……………………………………………………… 138

第7章　结论、创新点与未来研究展望 ………………………… 139

7.1　结论 …………………………………………………………… 139
7.2　创新点 ………………………………………………………… 140
7.3　研究局限性与未来研究展望 ………………………………… 142

参考文献 ………………………………………………………… 144

附录　调查问卷 ………………………………………………… 171

第1章 绪论

1.1 选题背景

1.1.1 实践背景

随着我国改革进入深水区和攻坚期，2014年9月，李克强总理在第八届夏季达沃斯论坛上的演讲中首次提出，凭借改革创新的"东风"，要在960万平方公里的土地上掀起一个"大众创业""草根创业"的新浪潮。2015年3月，李克强总理在全国"两会"上作政府报告时指出，推动"大众创业、万众创新"，"既可以扩大就业、增加居民收入，又有利于促进社会纵向流动和公平正义"。在论及创业创新文化时，他强调"让人们在创造财富的过程中，更好地实现精神追求和自身价值"。至此，党中央和国务院提出"大众创业、万众创新"的重大发展战略部署，中国全面进入创业创新时代。

创业活动发生在我们每个人的身边、每个行业、每个领域，并且衍生出一大批如阿里巴巴、苏宁电器、百度、腾讯等实现快速发展的创业企业。《全球创业观察（GEM）2017/2018中国报告》基于过去15年的调查数据指出，中国的创业活动质量节节提高,创业环境不断改善,总体创业活跃程度日益提升,已经成为全球创业活动最活跃的地区之一。作为一种应对经济无效率问题的识别和解决机制,创业能够通过凝聚社会资源,将外部环境中存在的信息、技术、资金等资源转移到产品/服务中,进而达到提升资源效率和弥补市场失效的问题(汤勇,2014)。大量理论研究和实践观察发现,创业是推进经济发展、改善民生、稳定和扩大就业、激发全社会潜能的重要途径;同时也是我国经济转型和产业升级的关键驱动力量,能够有效地推进供给侧结构性改革,有助于加快我国全面实施创新驱动的发展战略。为了推进大众创业、万众创新的进程,政府多措并举,通过简政放权、设立创业基金、税收优惠和政策支持等途径鼓励全社会的创业活动。

值得关注的问题是,改革开放40年来,尽管创业在促进经济发展、激励社会创新潜能、增进社会福利等方面的作用极大,可创业本身是一种高不确定性且伴随高风险的行为。虽然我国的创业活跃度非常高,但是整体来看我国创业企业的成长状况非常不理想,创业绩效表现迥异,并且创业企业的失败率较高。尤其是随着信息技术和移动互联网的快速发展,从多方面给各行业带来了变革,企业的战略决策、营销模式、顾客需求和商业模式等方面均与传统经济时期存在着显著的差异,这促使创业企业面临的竞争环境更加复杂,成功率较低。

2017年全球创业观察(GEM)报告也指出,虽然我国创业的整体活跃程度不断提升,并已经成为全球创业活动较为活跃的地区之一,但是既有企业所占的比率偏低,失败率较高。有数据调查发现,在中国每分钟就有8家新企业成立,而这些企业多数却以失败告终,创业失败率高达80%。

我国正处于经济转型时期,并且市场化改革的时间相对较短,市场需求、合作伙伴与竞争者的战略行为等方面难以预测,这些因素导致新企业处于充满高度不确定性因素的环境中(徐淑英、边燕杰和郑国汉,2008)。同时中国的经济快速发展,国家化程度不断加深,这为新企业的创建和发展提供了丰富的机会,转型经济的这种双元环境促使新企业面临着机会与威胁共存的处境,更加难以看清未来的发展路径,面临更大的经营风险(蔡莉等,2014)。国家工商总局官方发布的《全国内资企业生存时间分析报告》中指出,我国有接近五成企业的存活时间不超过5年，仅有1%的企业寿命能够达到24年以上。

通过实践观察发现，我国创业企业失败率较高的重要原因表现为以下两方面：第一，较多创业企业过分注重机会的搜索与发现、资源的获取和开发等行为的重要性，而忽略了知识在新企业创建和成长过程中的关键作用。企业是战略资源的集合体，稀缺性的、具有价值的、不可模仿和替代的资源是新企业获取竞争优势的重要来源（Barney，1991）。但是，在超强竞争的市场环境下，新企业凭借资源实力所构建的竞争优势会被快速的技术变革所侵蚀，在此背景下，基于资源基础理论的基本观点，知识作为一种非常重要的组织资源，其作用越来越受到企业家的广泛关注。

第二，现实观察发现，较多新企业忽略了如何将知识转化并构建组织能力在其创建和发展过程中的重要性。新企业由于具有规模小、运营时间短、实力较弱等特征，同时缺乏成熟的组织流程和惯例，导致新企业在发展过程中更容易受到外部环境变化的影响，抗风险的能力较差。组织能力的构建已经成为新企业竞争优势的核心来源，新企业利用已有知识和开发新知识以构建组织能力是其寻求生存和发展的重要保证，也是一个持续的创新过程（许晖和王琳，2016）。组织能力是知识的集成，组织可以通过向顾客、合作伙伴和竞争者等市场主体进行学习获取相关战略性知识和信息；也可以在组织的各个职能部门和层次之间进行知识转换，为新企业的战略决策和实施提供基础（卢启程，2009；卢启程等，2018）。对于新企业如何将组织的异质性知识整合、转化以获得企业发展所需要的能力是我们亟待解决的现实问题。

新企业的创建和发展过程中，应该分享、整合与深度挖掘知识以构建组织能力，进而最终创造持续竞争优势。那么，新企业如何实现这个过程是值得去关注和深入研究的问题。随着外部环境的动荡和变化，市场中的很多企业在创建后只是昙花一现，然而我们现实观察也发现，商业世界中不乏一些新企业在竞争激烈的市场环境中生存并快速发展，取得了良好的绩效和竞争优势（焦豪，2011）。这些新企业的成功是由于内部存在独特的元素，进而促进其能够与外部环境匹配，并最终获取竞争优势。

面对以上现实问题，在资源基础理论的基础上，动态能力理论尝试探索企业的内部知识、能力与外部环境协调发展的问题。动态能力是企业通过搜索外部环境以发现商业机会，并据此构建、整合和重构内外部信息、知识等资源，以不断调整已有的组织能力，从而适应外部环境变化的高阶能力（Teece 等，1997）。综上所述，新企业的知识基础如何通过动态能力路径构建竞争优势是理论界和实践界值得进一步探究的问题。

1.1.2 理论背景

资源基础理论的核心思想是以企业为分析主体，着眼于分析组织所具备的各类资源（物质、技术、人力、资金、信息等），以企业的内部资源为分析基础，探讨独特的组织资源与能力提升企业竞争优势过程中的重要作用（黄旭和程林林，2005）。资源是新企业生存与成长过程中所需的有形与无形资产，这些有价值、稀有、独特和难以模仿的资产决定着新企业的竞争优势（Barney，1991）。资源基础理论使人们认识到资源对企业价值创造具有重要影响，企业之间的竞争由产品市场竞争层面转换到外部资源获取和内部资源整合的竞争层面。

知识是新企业发展过程中尤为重要的资源，当今正处于知识经济快速发展的时代，知识对新企业发展的重要作用毋庸置疑。企业本质上是高度专有的、具有再生能力的知识存储仓库，盘活知识存量和增强持续学习能力决定着企业的发展宽度和成长高度（Nelson 和 Winter，1982）。Grant（1996）在资源基础理论的基础上提出了知识基础观，认为知识是组织中最具战略价值的资源，知识管理领域的研究逐渐升温。知识管理被视为组织识别、获取、共享、整合和利用知识资源的过程，有效的知识管理过程成为企业创造持续竞争优势的关键。Hendriks（2015）曾在研究中指出，知识管理应该聚焦于知识共享，成功的知识管理活动依赖于知识共享过程，知识共享被认为是知识管理过程中的核心环节，连接着知识获取、知识整合及利用，甚至认为成功的知识管理活动以知识共享为基础（Gupta 等，2000；Wang 和 Noe，2010）。知识共享是知识资源在组织中循环流动和效用升华的驱动系统，能够帮助企业协调、配置内外部现有的知识资源，探索、创造新的知识资源，在高度动荡和复杂的竞争环境中立于不败之地。

国外学者对知识共享领域的探索起步于20世纪90年代，研究热情在21世纪初迅速升温。迄今为止，众多学者认同知识共享在组织知识管理活动中的理论和实践意义。知识共享是知识管理的主要目的之一，既是知识创新的重要手段和驱动力，也是实现知识价值的催化剂，作为知识管理的核心环节以及获取可持续竞争优势的源泉已经成为不争的事实。在已有的相关研究中，学者们试图分析知识共享如何提升组织产出（绩效/竞争优势）。通过以往的研究可以发现，打开"知识共享—产出"之间作用"黑箱"的研究还较为缺乏，现有研究仅关注了创新能力、人力（智力）资本等少数变量的中介作用，而"知识共享—产出"作用"黑箱"中的影响路径绝不局限于此。因此，探索更多存在的中介变量（如动态能力等），将有助于完善当前的知识管理理论的研究。

残酷的竞争不断驱动企业去适应、更新和重新配置企业的资源和能力，进而保持与竞争环境的一致性。鉴于企业面临的现实问题，Teece等（1997）在企业资源基础理论的前提下提出了动态能力理论（Dynamic Capabilities View），为解释动态环境下企业竞争优势构建的问题提供了新的思路，在过去的十年里给实证研究注入了新的活力。动态能力是企业不断地整合资源，以实现资源重新配置、更新和创造以及能力构建的一种高阶能力，特别重要的是，升级和重建企业是响应外部环境变化的核心能力，并以此来获得和维持企业的竞争优势（Teece，Pisano和Shuen，1997；Wang和Ahmed，2007）。在市场活动中新企业面临新入劣势（Liability of Newness），成长是其对抗生存压力的手段，而新企业的成长过程就体现为动态能力的构建和演化过程（胡望斌等，2009）。从现有研究来看，动态能力的研究主要围绕概念、内涵、构成要素、影响因素以及其对企业的作用机理等方面的问题展开，然而现有研究多以大型和成熟企业为分析对象，关于新企业动态能力的内涵及构建机制等方面的研究相对缺乏。

新企业存在天然的劣势，通过共享活动有助于有效盘活分散于企业内部的知识，有效减弱其知识缺乏的劣势，保障创业过程的顺利进行。Grant（1996）研究指出，知识共享是形成组织能力的重要途径，动态能力作为新企业创造和获取价值的关键因素有助于深入剖析新企业知识共享作用机理。Prahalad 和 Hamel（2010）提出的"核心能力论"和 Teece（1997）提出的"动态能力论"，都将知识视为能力的内核，知识的积累与更新是能力提升的必经之路；知识共享机制帮助企业把已有的知识内化到组织管理中去，驱动企业的"知识"转化成"能力"。知识共享和动态能力是影响新企业竞争优势的重要因素，但是关于新企业知识共享和动态能力的维度划分，以及两者间复杂关系等方面的研究尚待深入挖掘。新企业在经济发展过程中扮演了至关重要的角色，然而在中国转型环境下，新企业面临着更加复杂多变的外部环境。在这种转型环境下，新企业知识共享如何通过动态能力路径来提升竞争优势方面的问题研究显著不足，这是本书核心关注的问题。

1.2 研究意义

本书深刻观察创业理论和实践的需求，结合资源基础理论、知识基础理论、知识管理理论、动态能力理论等相关理论的内容，以及通过对企业家和员工进行半结构访谈、案例剖析等途径获取一手资料，来对知识共享的内容及维度加以界定，并依据知识的属性将其划分为显性知识共享和隐性知识共享，按照"行为—能力—优势"的经典研究范式，打开新企业知识共享转化为新企业竞争优势的"黑箱"。基于此，本书深入挖掘显性知识共享和隐性知识共享对新企业竞争优势的影响，并引入动态能力这个理论构念，探讨适合新企业的动态能力各个维度在不同类型知识共享与竞争优势关系间所起的中介作用。本书的研究具有较强的理论创新性和重要的现实意义。

1.2.1 理论意义

知识基础理论指出，知识是企业最有价值的资源；同时，企业的价值创造主要依赖于它积累和使用知识的能力（Hsu 和 Sabherwal，2011；Zhou 和 Li，2012）。许多学者都已经认识到知识共享的重要性，并且研究了组织、团队、个体或者其他因素（文化、氛围、管理者支持、奖励/激励、多样性、社会网络、预期收益和成本、人际间的信任和正义、知识产权等）对知识共享的影响（Wang 和 Noe，2010；Xue 等，2011）。然而，在现有的文献中，很少关于特定类型的知识共享对新企业竞争优势影响的实证研究。一些学者在研究中指出，有效的知识共享的确能够降低生产成本、加速新项目的开发、改进决策过程、提升企业的协调性、提升创新能力、增加销售增长率、提升新产品和服务的收入等（Huang 等，2010；Wang 和 Wang，2012），但是，知识共享是否直接影响新企业竞争优势？知识共享对新企业竞争优势的影响过程中，是否受到其他变量的影响？知识共享对新企业竞争优势的影响过程中的调解机制是什么？上述这些都是亟待解决的问题。

立足于新企业特征，探讨知识管理领域的重要问题：知识共享，构建企业内知识在个体—团队—组织层面的共享机制，并将其分为显性知识共享和隐性知识共享两个维度，深入揭示新企业知识共享的特征。已有的知识管理研究大量地关注了知识获取、知识整合，而作为知识管理的重要核心环节之一的知识共享却相对研究不足，并且已有的少量研究关注更多是成熟企业而非新企业。本研究对新企业知识共享概念提炼和维度分析有助于弥补已有知识管理研究不足。

从知识共享和动态能力双重视角来分析新企业如何获取竞争优势。新企业面临着较多的不确定性，如何获取竞争优势一直困扰着新企业创业者。已有的研究主要基于资源基础和战略选择来加以分析，对于资源匮乏、难以利用固定战略的新企业而言，两者难以带来持续的竞争优势。本研究基于此提出新企业通过高效的知识共享、促进动态能力的建立，来获取持续的竞争优势，较好地弥补了已有竞争优势理论研究不足。

提出动态能力在知识共享与新企业竞争优势间的中介效应，建立知识共享对新企业竞争优势的作用模型，并通过大规模的问卷调查进行实证检验，深入揭示知识共享对新企业竞争优势的作用机理。已有的研究很少关注知识共享如何作用于新企业,本研究提出新企业在知识共享过程中会提升动态能力,继而影响竞争优势,从"知识—动态能力—竞争优势"的理论逻辑路径来打开"黑箱"。从而指导新企业在进行知识共享的同时,注重动态能力的构建以更好地获取竞争优势。

1.2.2 现实意义

作为知识管理的核心环节,知识共享是知识在组织中循环流动和效用升华的驱动系统,帮助企业在动荡复杂的竞争环境中得以生存和发展。Hsu(2008)的研究结果符合这一观点,他指出知识共享实践通过发展人力资本提升了组织绩效。Karagiannis 等(2008)指出,共享知识和传递知识有利于在企业内制度化结构资本,根据智力资本理论,人力资本、结构资本和其他知识资产是企业智力资本的一部分。然而,现有研究在研究层面、概念体系、影响因素等方面较为分散,很多关键问题都存在模糊性,尚待研究者进一步加以梳理,以便更好地推动这一领域的理论发展。基于此,本书围绕知识共享概念界定、维度划分、影响因素和结果产出等方面,对现有的知识共享研究成果进行梳理和述评。通过文献梳理发现,当前关于知识共享的维度划分存在分歧,并且知识共享对组织产出既存在直接作用也存在间接作用。最后,针对现有研究存在的不足提出未来研究展望,以期对知识共享理论研究的进一步深入发展奠定基础。

本研究的实践意义在于指导新企业如何高效地进行知识共享,并通过动态能力构建的路径实现提升新企业竞争优势。在超强竞争的市场环境下,新企业的创建和发展面临着巨大的挑战。更重要的是,在中国转型情境下,市场机制不健全和制度不完善使新企业面临着较大的失败压力。如何应对这一挑战和高失败率的困境,是摆在新企业面前的重要现实问题。因此,本研究从知识管理理论出发,提出知识共享是新企业应对以上困境的重要手段,能够为新企业提供丰富的知识基础。同时,还指导新企业不仅需要重视知识的积累,还需要侧重知识向动态能力的转化,进而帮助新企业构建持续竞争优势。

1.3 研究内容

知识基础理论认为，知识是一种独特的、难以被竞争对手模仿的战略性资源，知识及其管理过程是企业获取和维持竞争优势的关键（Nonaka，1994）。随着知识经济时代的到来和互联网等新兴技术的蓬勃发展，在瞬息万变的商海沉浮中，对于企业的创建和成长，知识资源凸显尤为重要，成为新企业获取竞争优势的源头活水。知识共享是知识管理的核心过程，通过共享实践能够促进组织成员及不同部门间知识的交换、评估和整合，并且转化成组织的经济价值和竞争优势（Cohen 和 Lenvinthal，1990）。创业是一个复杂艰难的过程，处于创立期和成长期的新企业需要各种知识资源来帮助其发展，包括企业开展运营和控制、应对外部环境的机会与威胁、管理现有和潜在顾客间的关系等（Cope，2005）。然而，知识和能力是新企业天生的"短板"，企业需要实施有效的知识共享实践使驻留于组织内各个层面、部分的知识在其过程中充分地交流互动，实现知识的重组、重用以及创造。在这个过程中，新企业应根据外部市场的变迁和内部环境的变化，通过不断的知识管理来构建与外部环境相匹配的动态能力，强化企业对内外部环境的适应性，最大化和最优化组织学习的效果和效能（董保宝，2014），弥补新企业的新生劣势，提升企业的竞争优势。

长期以来，如何构建和提升竞争优势一直是理论界和企业界不断探讨的焦点问题，同时，知识资源的重要性以及知识经过有效共享后对提升竞争优势呈现出的放大效应不断受到学者们的关注。现有研究大多数强调知识共享对企业竞争优势和绩效的积极影响，例如，Wang、Lan 和 Xie（2008）、Iyamah 和 Ohiorenoya（2015）等研究均证实知识共享积极有助于企业获得短期财务绩效和长期竞争优势。但也有学者的研究结论与上述不一致，Yesil、Koska 和 Buyukbese（2013）认为，知识共享与组织绩效之间并不存在相关关系；陈涛等（2015）则认为，企业实施知识管理初期,知识共享与企业绩效呈正向相关,而从长期来看,知识共享则与企业绩效呈倒 U 形关系。回顾现有的知识共享文献可以发现,学者们主要探讨了知识共享对组织产出的直接影响,但是知识共享是否必然提升竞争优势或绩效,以及知识共享影响竞争优势或绩效的中间作用路径如何,仍尚待研究。另外,组织的知识管理过程需要强调"知"与"行"合一,即组织在不断累积丰富知识资源的同时也要注重构建相匹配的知识利用能力,进而行之有效地运用知识指导组织实践行为以应对外部环境的变化(陈国权和宁南,2010;蔡莉等,2014)。因此,与前者相同的难题是知识共享虽然有助于组织构建和积累知识资源("知"),但如何通过提升组织能力("行")实现企业竞争优势的提升是需要进一步深入探讨的问题。

随着经济全球化和信息技术的快速发展,相对稳定的运营环境逐渐转向高度动荡、复杂和不确定,给企业构建和提升竞争优势带来了更为艰巨的挑战(刘井建,2011)。Teece 等(1997)开创性地提出动态能力的概念,认为企业需要应对日益复杂和动荡的外部环境,必须不断地整合、构建和重新配置内外部资源,促进组织实现动态性的发展,进而获得竞争优势。此后,企业获取竞争优势的"动态能力观"广受学者的青睐。动态能力是一种基于变化导向的能力,帮助企业重新部署并重新构建资源基础,以满足不断变化的市场需求和竞争者战略(Zahra 和 George,2002)。综上所述,本书从新企业角度将知识共享、动态能力与竞争优势整合到一个框架下开展研究,借鉴知识管理理论和动态能力理论剖析知识共享对组织竞争优势的作用机理,进一步打开了从知识到竞争优势之间的"黑箱"。

立足于实践与理论的需要,本书以新企业为研究对象,从动态能力视角探讨新企业如何通过知识共享以提升竞争优势的内在过程。研究旨在回答三个理论问题:新企业如何通过建立知识共享机制以持续获得竞争优势?新企业如何采取合适的知识共享类型以促进动态能力的构建和发展?动态能力的各维度在不同类型知识共享转化成竞争优势的过程中发挥怎样的作用?本研究从以下研究思路展开:知识共享是新企业应对复杂环境的重要行为,但是知识共享需要通过能力的构建路径，进而对新企业竞争优势产生影响，同时知识共享转化为组织动态能力的过程中需要特定的组织文化进行匹配。因此，本研究结合中国转型环境和新企业的自身特征等因素，关注新企业知识共享、动态能力和竞争优势之间的复杂关系，同时分析组织文化在模型中所起的调节作用。具体地，本书的主要研究内容和章节安排如下。

第一部分：绪论。本部分主要梳理了选题背景、研究意义、研究内容，同时阐述了本书所采取的研究方法和技术路线。

第二部分：理论基础与文献综述。本部分主要系统回顾和梳理了国内外学者关于新企业特征、知识管理理论、知识共享、动态能力、组织文化和新企业竞争优势等相关主题的研究。基于对已有相关研究的梳理，提炼出已有研究存在的不足和缺陷，从而为研究问题的提出和概念模型构建奠定了理论基础。

第三部分：理论模型构建与案例验证。在梳理和界定核心变量的内涵、维度及已有研究不足的基础上，进而构建本研究的理论模型。同时利用企业样本进行案例分析，深入探讨企业内知识在个体—团队—组织层面旋转上升的共享机理构建，通过案例检验理论模型的构建逻辑和可靠性，并修正模型。

第四部分：研究假设的提出。这是本书研究内容的核心，主要目的是以新企业作为研究对象，深入分析知识共享（隐性知识共享和显性知识共享）、组织文化、动态能力（适应能力、吸收能力、创新能力）、新企业竞争优势等变量间的内在逻辑关系，以及动态能力的中介作用。同时根据权变理论，知识共享转化为企业动态能力的过程将会受到组织情境的影响，进一步研究组织文化对知识共享促进企业动态能力和竞争优势形成中的调节作用。主要研究问题包括四个方面：知识共享对新企业竞争优势的影响；动态能力对新企业竞争优势的影响；新企业知识共享对动态能力的影响；动态能力在知识共享与新企业竞争优势间的中介作用，以及组织文化在其中所起的调节作用。

第五部分：研究设计。针对本书的研究内容，本部分主要进行实证研究设计，包括数据的收集和样本分析、问卷设计、变量度量、数据同源性偏差、信度和效度分析，为后续的假设检验奠定基础。

第六部分：实证分析与结果讨论。本部分借助 SPSS 18.0，利用多元回归分析方法对书中提出的假设进行检验，并对实证检验结果展开深入的分析和讨论，并根据研究结果提出对新企业竞争优势构建的实践启示。

第七部分：结论、创新点与未来研究展望。本部分基于理论探讨和实证分析，提出本研究的结论和创新点，并阐述本研究存在的不足和未来研究展望。

1.4 研究方法和技术路线

1.4.1 研究方法

为了探讨新企业知识共享、动态能力与竞争优势之间的关系，并为了确保研究过程和结果的可靠性与可信度，本研究采用定性和定量相结合的分析方法，以实现理论模型的构建、研究假设的提出和检验等。具体包括以下研究方法：

（1）文献研究法。本研究先通过文献分析从众多的创业研究文献中提炼出有价值的研究问题，并沿着这一线索继续深入挖掘。在理论模型构建前，以知识共享、知识管理理论、动态能力、组织文化、新企业竞争优势等作为关键词，在 EBSCO、PROGUEST、Elsevier Science、Emerald 以及中国知网、百度学术、万方数据知识服务平台等国内外的学术搜索平台和数据库系统搜集和查阅与本研究主题相关的文献，还特别关注 JBV、SBE、ET&P、ESBM 等对创业研究关注较多的期刊中和 MOR、AMR、AMJ、SMJ 等管理领域顶级期刊中的文献。然后，对文献进行认真系统的筛选、阅读、整理等，梳理总结与研究主题相关的国内外研究脉络、存在的不足和未来前沿的研究方向，进而为本研究构建理论模型和假设提出夯实和奠定了理论基础。

（2）案例研究、半结构化访谈法。通过精心选择典型新企业案例，预先准备好一定的访谈框架并列出需要探讨和关注的问题，对企业的创业者和管理者进行开放方式的较为自由的半结构访谈。同时收集企业发展过程中的相关二手数据，对本研究提出的理论模型进行验证和修订，同时对后续实证研究法中的调查问卷进行完善。

（3）问卷调查和实证研究法。为了检验提出的理论假设，本研究采取问卷调查法收集新企业的数据，并以此为基础，借助 SPSS 18.0 软件进行信度、效度、Person 相关分析、多元线性回归分析等方法，对理论假设进行检验和分析。

1.4.2 技术路线

本研究首先通过对国内外的相关文献进行梳理，并且通过案例研究法进行验证和修正，构建了知识共享、组织文化、组织结构、动态能力和新企业竞争优势间的关系模型，并且综合采用定性和定量研究方法对理论假设进行检验。技术路线详见图 1.1。

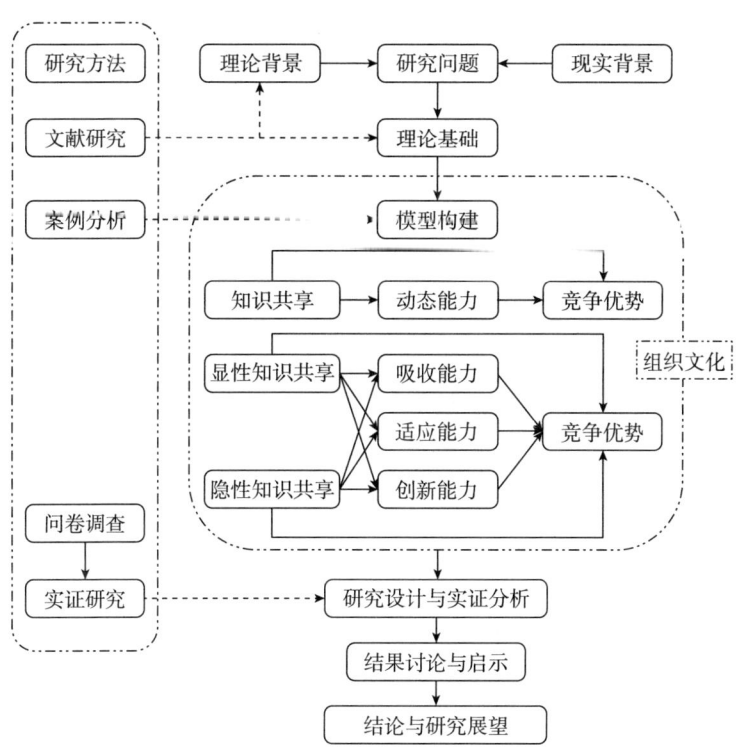

图 1.1 技术路线

第 2 章 理论基础及文献综述

2.1 相关基础理论

2.1.1 资源基础理论

资源基础理论（Resource Based Theory，RBV）最早可以追溯到 Penrose（1959）提出的观点：企业是资源的集合体。Penrose 对企业资源视角提出了初步的见解，然而，资源基础理论是在 Wernerfelt（1984）的研究中明确被提出，在 Barney（1991）的研究中被进一步推广，后续很多研究为资源基础理论的深入和发展做了显著的贡献（Barney 等，2001；Eisenhardt 和 Martin，2000；Mahoney 和 Pandian，1992；Priem 和 Butler，2001；Zahra 和 George，2002；Zollo 和 Winter，2002）。

资源基础观的本质是强调资源和能力集合是企业竞争优势的源头，资源不同程度地分布在各个企业之中，并且 Barney（1991）在研究中指出，企业的战略资源不均匀地分布在存在竞争关系的企业之间，随着时间的推移形成了每个企业特有的异质性资源，而且这种现象长期客观存在。他认为，并非全部的资源都能帮

第 2 章 理论基础及文献综述

助企业创造持续竞争优势，能够给企业带来持续竞争优势的资源必须具备以下四个特征：

（1）必须是有价值的。在一定的意义上讲，它能够利用企业周围环境中的机会，并消除环境中的威胁。当能够促使企业制定和实施战略时，这种资源是有价值的。传统的企业绩效的"优势—劣势—机会—威胁"模型指出，只有当战略能够利用机会或规避威胁时，企业的绩效才能够得到提升。企业的资源可能还需要其他特性（如稀缺的、难以模仿的和不可替代的）才能成为竞争优势的来源，但是具备这些特性的物质只有能够规避威胁或识别、利用机会时，才能够成为资源。

（2）在企业现实和潜在的竞争中，必须是稀缺的。很多竞争者或潜在竞争者都具备有价值的资源，在这种情况下，有价值的资源并不能成为企业竞争优势的来源。当企业实施创造价值的战略，并且其他企业并不能够采取类似的战略时，那么该企业能够获得竞争优势。如果很多企业具备特定价值的资源时，那么这些企业都能够以相同的方式利用这些资源，从而采取相同的战略，这也就导致任何一个企业都不能够获取竞争优势。

同样的分析也可以用在有价值的资源集合上，通常情况下，战略的实施需要特定的物质、人力等资源的集合。几乎所有的战略实施都需要管理者技能（Hambrick，1987）。如果这种资源集合不是稀有的，那么大量的企业将能够制定和实施相应的战略，而这些战略并不能成为竞争优势的来源，尽管资源是有价值的。

（3）必须是难以完全模仿的。具有价值的、稀缺的资源确实可能是企业竞争优势的来源，具备这些资源的企业往往是战略创新者，他们能够制定和实施其他企业（不具备相关资源）不能够制定或实施的战略。有价值的、稀缺的资源之所以成为竞争优势的来源，是由于具备相应资源的企业能够获得先发优势。

然而，只有当企业无法获取那些自身不具备的相应资源时，有价值的、稀缺的资源才能够成为企业持续获得竞争优势的来源，也就表明这些资源是不能够完全被模仿。企业资源难以被模仿的三个原因如下：①企业获取资源的能力依靠独

· 15 ·

特的历史条件;②企业所具备的资源与其竞争优势间的联系在逻辑上是模糊不清的;③资源产生竞争优势的过程具有社会复杂性,并且这种复杂性是在企业可控制的范围之外。

(4)必须是难以替代的。能够带来持续竞争优势的资源必须是不存在战略上等价的资源(Strategically Equivalent),当两种资源(或资源集合)能够实施相同的战略时,那么这两种资源在战略上是等价的。假如特定有价值的资源是稀有且不可完全模仿的,具备这些资源的企业能够制定和实施特定的战略,如果其他企业没有战略上等价的资源,那么这些战略将会给企业带来持续竞争优势。但是,当其他企业具备战略上等价的资源时,那么这些企业将能够以不同的方式、不同的资源而采取相同的战略。

资源基础理论假定的是由内及外的路径,企业能做的不仅和行业中的机会和威胁相关,更重要的和企业拥有的资源相关(Learned等,1969;Teece,1997)。企业生产和取得成功的关键依赖于创造一套独特能力能够保障企业在竞争中持续获得优势(Dierickx 和 Cool,1989)。Day 和 Wensley(1988)指出,以资源为基础的战略路径就像 SPP(定位优势获取绩效的来源):企业的资源和能力决定了它的定位优势(如差异化、成本领先和焦点战略),最终结果促使企业获得绩效。在 Spanos 和 Lioukas(2001)对希腊中小型企业的研究发现企业的资产(组织内的、市场的和技术的资产)对战略有强烈的积极的影响(如创新差异化、市场差异化和低成本)。这表明,企业具备的资源越多,使用这些资源的能力越强,越可能开发出复杂的有利战略(Amit 和 Schoemaker,1993;Spanos 和 Lioukas,2001)。

资源是企业所拥有或者控制的、在向社会提供产品或服务过程中能够实现企业战略目标的各种要素组合,这些要素组合包括企业所有的资产、能力、知识和信息等(林嵩等,2005;杨波,2014),其中知识资源作为一种独特的、难以被竞争对手模仿的战略性资源在研究中被提及得越来越多,知识及其管理过程是企业获取和维持竞争优势的关键因素(Nonaka,1994)。知识资源是一种包含了结构化经验、文化导向、价值观以及专家见解等要素的动态集合体,知识不只存在于书面或文档数据库中,而且嵌入于组织的日常工作流程、实践和行为规范中,能给企业带来持续的财富增长(Davenport,1998;杨波,2014)。日益变化的动态环境,使企业越来越意识到知识是最具有战略价值的资产,尤其是随着知识经济的到来和互联网技术的快速发展,在复杂的组织中丰富的、多样化的知识资源成为企业获取竞争优势的重要手段。

由以上理论梳理可以发现,从资源基础理论角度来分析企业的竞争优势、绩效和创业产出仍然是学者们关注的重点,但是也有一些学者认为资源基础理论并不能完全解释企业为什么在快速动荡的环境下取得持续竞争优势,那么,究竟有助于企业构建持续竞争优势的最重要资源又是什么?因此,我们接下来进一步探讨知识基础理论、知识管理理论及动态能力理论等方面的内容。

2.1.2 知识基础理论

如前所述,资源基础理论提出独特的资源是企业竞争优势的来源(Barney,1991),Grant(1996)对资源基础理论进行扩展,应用知识来解释企业内部的灵活性、协调性、组织结构、企业边界等问题,并由此提出了知识基础理论(Knowledge-Based Theory of the Firm),认为知识是组织内最重要的战略资源,不仅是因为企业的知识难以被竞争对手模仿,而且还在于当前的知识存量所形成的知识结构决定了企业发现识别机会、配置资源的模式和方法,企业内各种资源的效能能否发挥出来是由企业现有的知识基础和结构所决定的。Setyanti、Troena和Nimran(2013)研究发现,知识密集型组织比其他组织具有更强的创造性,为了收获更优越的绩效,除了必要的物质资源和卓越的能力外,企业同样需要各类显性和隐性知识在组织内整合、协调资源和能力。

知识是个体认知过程中的重要属性,具有结构化和条理分明等特性,知识是由先前经验、认知、信息、价值观等要素形成的动态集合体,这些不同要素、不同组合方式所构建的知识结构不仅能够促使个体或组织不断地吸收新信息,而且能够为个体和组织评估新信息提供基础框架(Grant,1996)。Nonaka(1991)较早在研究组织如何创造和利用知识时,从知识内容角度明确将知识划分为四大类：第一类是经验性知识，个体通过先前经历和体验积累的默会性知识；第二类是概念性知识，包括通过语言和编码明确表达的知识、产品概念、设计、品牌价值等；第三类是常规性知识，包括组织文化、日常运作技能等常规化地渗进组织日常实践中的默会知识；第四类是系统性知识，包括系统化与程序化的明晰知识、员工手册、数据库等。

在知识基础理论研究过程中，较多学者从隐性和编撰程度来区分知识的本质，可编撰程度是指知识能否通过编码而明确表述和存储，即知识的显性程度；相反，隐性知识是与特定情境相关的、难以通过编码或语言等方式明确表达的知识（Cowan等，2000；樊治平和孙永洪，2006；Holste和Fields，2010；曾萍等，2011）。通常认为隐性知识具有四个特征：①难以编码或以正式方式存储；②个人独特的知识，知识的所有者难以向其他人交流；③往往描述为专有知识；④特定实践过程的产物，是与特定情境相关的（Smith等，2009）。隐性知识的重要性在于其不可模仿性的特性，因此，隐性知识是企业持续竞争优势的重要来源。然而，尽管隐性知识存在显著的优势，但是这种知识也给个体和组织带来巨大的挑战，隐性知识发挥作用的过程受到很多情境因素的影响（Alavi和Leidner，2001；汤淑琴，2015）。

依据知识基础理论的定义，企业的核心能力是创造竞争优势的知识体系，具体包括员工的知识、组织流程、管理系统和文化价值观四个方面，核心能力本身具有知识性（钟竞，2007）。此外，虽然从客观上讲不同企业所面临的外部环境基本是相同的，但由于企业的知识结构以及与知识积累密切相关的认知能力不尽一致，导致企业所能发现和识别市场机会和威胁的双重能力存在差异，从而影响企业获得竞争优势（姚艳虹等，2018）。对于企业而言，知识是无形资源的关键构成部分，知识资源的不易移动性、普遍实用性、非排他性等特征促使知识在组织运营与管理过程中具有不可替代的作用，尤其是在企业形成差异化资源方面具有至关重要的作用（Edelman等，2010）。孙红霞（2016）研究发现，知识资源不仅能够帮助企业创造价值，还有助于企业识别和预测潜在的商机，发现潜伏的危机，进而及时采取积极战略行动或是防范措施，当缺乏这些必要的知识时，企业将很难发展与创新。

较多研究指出，知识基础型组织比其他组织更有创造性和优势，正是由于知识资源在企业运营和管理过程中扮演着重要角色，因此，知识资源理论越来越受到学术界的重视，越来越多的学者投入该领域的研究中。当前，知识基础理论有效地对企业的特征和行为进行解释，但是并未探讨企业知识活动的微观机理，即对知识进行管理，进而揭示出企业知识对组织产出作用路径的"黑箱"。根据知识基础理论的观点，知识是构成组织能力和知识资本的关键资源，知识需要在组织内共享，倘若知识一直孤立地停留于某一个体、部门或者单元之中，这对于企业充分利用现有知识基础来创造新知识并进行知识的积累极为不利。

2.1.3 知识管理理论

当今正处于知识经济快速发展的时代，知识对经济增长和社会发展的重要作用不言而喻，理论界对知识经济领域的研究和实践也逐渐由宏观转向微观。Grant（1996）在资源基础理论（RBT）的基础上提出了知识基础观，认为知识是组织中最具战略价值的资源，这也导致知识管理领域的研究逐渐升温（Davenport 和 Prusak，1997）。知识是企业创造和维持竞争优势最重要的战略性资源，知识可以在交流与互动的过程中被传播、实施和发展，他们在进一步的研究中指出，有效的知识管理过程可以刺激个体和组织通过不同方式获取知识，同时更多批判性地、创造性地去思考，最终产生出新的知识并获得竞争优势（Aulawi 等，2009）。朱秀梅、张妍、陈雪莹（2011）研究指出，知识管理是企业从外部获取知识，并与内部进行知识共享与整合，促使企业内部成员可以在任何时间和地点应用相关知识，以创造新知识和完成组织目标的过程。作为组织内部的知识流动过程，知识管理通过对企业运营管理所需知识的获取、转移、共享及应用等过程，使企业的各类知识资源在生产运营活动中得到共享与增值，进而实现提高企业持续竞争力和创造更大企业价值的目的（李怡靖，2007）。

有效的知识管理对于现代企业管理的成功是必不可少的，这一观点已经现有研究被广泛认可，大量研究发现，知识共享对企业的动态能力、创新能力、创新绩效、竞争优势等方面均存在显著的积极影响。例如，Paarup Nielsen（2006）研究发现，发生在企业内部的知识创造、知识整合、知识利用等知识管理活动创造了企业内部知识存储的流动，同时也改变了知识资源的状态，进而促使企业生成动态能力。创新是一个复杂的概念，企业在组织流程、服务和产品等方面创新的过程中很大程度上依赖组织成员及部门所拥有的隐性的、动态的、不可复制的、扩展性强的知识，有效的知识管理可以使组织获得大量的战略利益，并提升创新能力，反映在节约成本上的生产力和效率、顾客关系、满意度和市场份额、管理决策制定等（Alavi等，2006）。此外，对于新企业而言，内部知识管理过程有助于企业构建更加多元化的知识，进而促使企业能够感知多样化的途径以进行创业活动，同时，企业在开展跨职能领域知识的交互时能够更高效地对比不同路径和选择的优势与劣势，提高创业决策的准确性和有效性（De Clercq、Dimov和Thongpapanl，2013）。

对于知识管理过程的划分学者们存在不同的观点，Huber（1991）较早深入分析了知识管理的内在过程，他扩展知识基础观，将知识管理过程明确划分为知识获取、知识共享、知识整合与组织记忆四个过程。Dew、Velamuri和Venkatarama（2004）的研究观点认为，知识管理主要包括知识的收集、创造、共享、修正、组织存储等内在过程。Paarup Nielsen（2006）认为，知识管理活动涵盖所有必要的从知识创造到知识利用的步骤，涉及操纵知识和改变知识状态的活动，在企业中知识管理活动的关键是执行以下八个活动：创造、获取、捕捉、组装、共享、整合、利用和开发知识。朱秀梅、张妍、陈雪莹（2011）指出，知识管理理论重点关注两方面：一是管理知识的人，二是知识管理的内在过程，并提出知识管理过程主要由知识获取、知识共享、知识整合和知识创造四种基本活动组成。其中，知识共享被大量学者认为是知识管理过程中的核心过程，以致成功的知识管理活动依赖于知识共享过程，它能促进组织成员间以及不同部门间的知识交换、评估和整合，并且转化成组织的经济价值和竞争优势（Gupta等，2000；Wang和Noe，2010）。

创业是一个非常复杂的过程，在新企业创建过程中涉及各方面的知识，包括如何维系和管理与现有和潜在顾客间关系的学问、企业开展运营和控制的策略、企业如何应对外部环境的机会与威胁等（Cope，2005）。但是，新企业本身存在天生的知识和能力缺口，因此，只有通过充分的知识共享过程才能够有效整合组织成员的知识，弥补新企业知识缺口，进而保证创业过程的顺利进行。为了收获更优的绩效，除了必要的资源和卓越的能力，企业同样需要隐性知识在组织内的流动、协调、整合的过程（Setyanti 等，2013）。因此，本研究关注新企业的知识共享过程对创业活动的影响。

2.1.4 动态能力理论

资源基础理论的本质是强调资源和能力是企业竞争优势的起源，资源不同程度地分布在各个企业之中，企业独有的资源特质促使或者限制企业进入新市场和构建竞争优势；并且资源是不移动的，随着时间的推移形成了每个企业资源的异质性（Barney，1991；Mahoney 和 Pandian，1992；Penrose，1959；Wernerfelt，1989）。尽管资源基础理论近来在战略管理研究中广泛运用，但是也遭到一些学者的有力批评。高度动荡的商业环境改变了对资源基础理论原有的认识，资源基础观被批评是静态的，忽略了市场活力的影响，难以有效解释动态环境下企业竞争优势的构建和维持（Priem 和 Butler，2001）。

基于以上争议，较多学者尝试从不同层次来理解企业的资源/能力与竞争优势间的关系。资源是企业创建的基础，也是组织能力构建的源泉，因此学者们将资源界定为"零阶"元素，当资源展示出有价值性、稀缺性、不可模仿性、难以替代性等特征时，可以被认为是企业竞争优势的源头（Barney，1991）。然而在高度动荡的市场环境中，资源的四种特征随着时间的推移是会发生变化的，因此，具备以上四种特征的资源不能说一定就是竞争优势的持续来源。当企业展示整合与配置资源以达到期望目标的能力时，一般的能力是"一阶"的元素，对于企业绩效的提升具有重要的作用（Wang 和 Ahmed，2007）。核心能力是"二阶"元素，强调的是根据企业的战略方向整合资源的能力，包括组织管理能力、市场开发能力、产品/服务创新能力、生产管理能力等方面（李瑞雪等，2019）。

然而，当外部环境发生变化时，核心能力导致企业难以灵活地进行调整和转型，进而导致企业面临"核心刚性"和"能力陷阱"（雷磊等，2019）。因此，有学者提出更高阶的动态能力，有助于企业不断地追求更新、重新配置和创造资源、能力和核心能力来应对环境的改变，有利于企业的长期绩效（Teece 等，1997）。

从 1990 年开始，残酷的竞争环境不断地驱动企业去适应、更新、重新配置和创新创造企业的资源和能力（Eisenhardt 和 Martin 2000；Teece 等，1997）。在快速动荡的市场环境下，企业凭借产业定位或者资源实力所构建的竞争优势很快被技术创新所侵蚀。组织资源所导致的核心能力本身所具有的"刚性"属性意味着企业难以适应外部环境的动态变化，并不必然为企业带来持续竞争优势，甚至有些研究提出极端的观点，他们认为在动态的市场环境中，企业根本就不可能赢得持续的竞争优势（孟晓斌、王重鸣、杨建锋，2007）。在上述背景下，借鉴资源基础理论的核心观点，同时又作为该理论的传承和发展，Teece 等学者在研究框架中引入了动态能力的概念，并逐步形成和发展了动态能力理论，这给已有的资源基础理论的研究注入了新的活力。动态能力的概念是在企业资源基础观的前提下提出来的，动态能力集成了资源和能力的进化本质，对资源基础理论形成了有益的补充（Eisenhardt 和 Martin，2000；Helfat，1997；Zahra 和 George，2002）。

动态能力的概念与市场的动态性有内在联系。Eisenhardt 和 Martin（2000）认为，在两种类型的市场中动态能力展现出不同的特点：①适度的动态市场中，变化经常发生但有规律可循和一定的路径，产业结构是相对稳定的，这种情况下，企业严重依赖现有的知识和流程设计，采取的活动通常遵循问题解决路径；②高度的动态市场，改变是没有规律遵循的、发散的，市场没有边界，产业结构模糊不清和变化的。因此，动态能力理论的关注点应该是企业如何在特定的动荡情境下持续创造新知识和能力（Eisenhardt 和 Martin，2000）。关于动态能力的实证研究表明市场的动态性是企业进化和演化的关键驱动因素，例如，对于西班牙制药行业的进化的研究（Deste，2002）、葡萄牙模具行业的研究（Mota 和 Castro，2004）和印第安纳软件行业的研究（Athreye，2005）。

第 2 章 理论基础及文献综述

动态能力是企业不断地整合资源,重新配置、更新和创造资源以及构建能力的一种能力,强调将企业的资源和能力转变成产品或者服务形式的产出,支付给客户优越价值的过程;这样的转变促使企业以迅速、准确、创造性的方式来适应行业的改变,体现了"动态"的特性,即与外部环境的动态变化保持一致(Wang 和 Ahmed,2007)。动态能力不同于基础能力,是嵌入企业日常组织流程中作用于基础能力之上的高层级能力,可以促进基础能力进行提升,从而升级和重建企业响应环境变化的核心能力来获得和维持企业的竞争优势(杨波,2014)。动态能力的出现,通过说明与环境变化有关的企业资源和能力进化的本质,以及识别出影响企业生存和发展的关键因素和流程,有效地弥补了资源基础理论的不足。

2.2 相关文献综述

2.2.1 新企业相关研究

一些学者的研究结论认为,新企业创建和发展有关的问题是实践的灵活性和适应性的问题,并不是理论的问题(李志能,2002),因为大企业具备初创企业的一切重要特征,就片面地认为新企业是"大企业的小版本"。然而,企业生命周期理论是例外。传统的企业生命周期理论试图将企业的发展分成几个明确不同的阶段,而新企业和成熟企业的区别被归结为阶段的差异(Kazanjian,1988)。越来越多的人关注到,新企业,尤其是正在初创期的企业(Emerging Organizations),与已经创业历史悠久、经营相对稳定的已有企业(Established Organizations)有巨大的差异。

首先,新企业面临着严峻的资源匮乏困境。资源是新企业生存和发展的基础要素,但是由于面临着新生劣势,新企业拥有的初始资源有限,缺失市场和行业方面的知识,使其在市场竞争中处于劣势地位;缺乏与顾客、内部职员交流的经验,使其难以获得顾客和员工的承诺;由于新企业缺乏能判断其发展前景的交易记录,使新企业难以通过银行、资本市场等途径获取资源(任萍,2011)。因此,新企业需要不断地构建和利用社会关系,通过非正式的关系网络渠道来获取资源,同时持续地观察和学习来改变资源匮乏的现状(Baum 和 Silverman,2004;Kor Y. Y. 和 Misangyi,2008;Morse、Fowler 和 Lawrence,2007)。

其次,新企业的组织结构简单、灵活。从新企业的规模特征来看,其组织结构相对简单、资源配置单一(朱秀梅,2008)。大型成熟企业往往采用成熟的、科层化的组织结构,阻碍了企业的创新活动,而新创和创新性强的企业中产品和市场开发是灵活的、动态的,由于企业不断进行市场扩张和重新定义导致企业的产品和流程不断提升,因此,知识资源和内部知识管理过程起着至关重要的作用(Knight 和 Cavusgil,2004)。

再次,新企业面临着合法性缺失问题。由于合法性的建立需要一个过程,而本身刚刚创办,并缺乏交易记录(Stinchcombe,2000)。同时,新企业有限的或者缺乏绩效,这些先天性的劣势使其普遍缺乏合法性。可以通过满足政府机构、大型企业、认证机构建立的标准、规范、制度等形式获取(Singh、Tucker 和 House,1986)。新企业往往是刚刚进入市场,其产品/服务尚未得到顾客的熟悉和认可,并且在短时间内难以快速建立市场地位,进而导致新企业难以构建市场合法性(任萍,2011)。

最后,与成熟企业相比,新企业的外部知识搜寻导向更强。相关知识和经验积累较少的原因促使新企业注重向外部其他主体,包括顾客、供应商、科研机构等学习,这种探索型学习有助于改变新企业的视野价值观,激发其创新行为,帮助新企业构建竞争优势(邬爱其,2011;Calantone、Cavusgil 和 Zhao,2002)。

2.2.2 知识共享相关研究

知识经济快速发展的时代背景下,知识对经济增长和社会发展的重要作用不言而喻。与有形的资源不同,知识和技能不仅可以用于为企业赚取"李嘉图租金"和"张伯伦租金",精心管理的组织学习能够不断地创造"熊彼特租金",即基于创新的经济租金(李志能,2002)。

随着知识与经济的关系越来越直接和密切,知识界对于知识的性质也越来越接近于形成共识。近二十年来,理论界开始重视从组织和个体层面来关注知识资源的价值。代表性的学者 Grant(1996)在资源基础理论(RBT)的基础上提出了知识基础观,认为知识是组织中最具战略价值的资源,由此知识管理领域的研究逐渐升温。知识管理是组织获取、共享、整合和利用知识资源的过程,而成功的知识管理活动依赖于知识共享(Wang 和 Noe,2010)。作为知识管理的核心环节,知识共享是知识在组织中循环流动和效用升华的驱动系统,能够帮助企业协调、配置、重组内外部现有的知识,探索、创造新的知识,帮助企业在动荡复杂的竞争环境中得以生存和发展。

研究者对知识共享领域的探索起步于 20 世纪 90 年代,研究热情在 21 世纪初迅速升温,并得到了相关领域学者们的广泛关注。众多学者已经认同知识共享在组织知识管理活动中的理论和实践意义,并且产生了诸多的研究成果和理论创新。然而现有研究在研究层面、概念体系、作用机制等方面较为分散性,很多关键问题都存在模糊性,尚待研究者进一步进行梳理以更好地推动这一领域的理论发展。

2.2.2.1 知识共享的内涵

知识共享是知识管理的主要任务之一,是知识创新的重要手段和驱动力,也是实现知识价值升华的催化剂。通过文献的梳理发现,知识共享可以发生在组织间和组织内。组织间知识共享是指组织与另一个组织为了维持长期合作伙伴关系并实现共生双赢而进行的知识交流活动(Ritala 等,2015)。这多发生在产业集群或战略联盟中,而本研究关注的是组织内部的知识共享(组织内知识共享)。

组织内知识共享是个体通过分享信息和专有知识以帮助他人或与他人合作来解决问题、构思新想法的行为(Wang 和 Noe,2010)。也有一些学者将知识共享的主体进一步扩大,涵盖了组织内员工、团队,甚至是整个部门间借助各种机会、方式或渠道、途径,将知识转移或者传播到另一个过程,其目的是让接收者最大可能地获取和使用知识更好地完成工作任务（Zárraga 和 Bonache，2003）。汤淑琴等（2018）指出，知识共享是组织内部的各个职能部门、成员间通过已有流程不断地转移和整合知识的过程。从已有相关研究的总结来看，知识共享涉及个体将自身拥有的知识、经验、观点或者理解在转化和传播后被其他个体吸收、重组和使用，并且这些知识包含显性和隐性知识。这种知识的传播存在两种形式。

第一种形式体现为知识的双向流动，即知识、经验、技能或者观点在组织内成员之间相互传递和交换（Bradshaw 等，2015）。这种知识交流以随机的社会互动为基础，进而可以在组织中形成一种知识共享的文化氛围。例如，Lee 和 Suliman（2002）认为知识共享是指员工之间、知识内容之间（隐性和显性）、组织情境下、适宜培养基中和社会环境下的知识交换；同时，也可以理解为在包含法律、道德规范、行为规则和风俗等在内的共享制度中，人们自愿地进行的以知识交换为目的的过程，涵盖了知识贡献和知识收集。这种知识共享过程可以帮助参与者充分利用知识并得到交互式反馈来完善自身的知识体系。

第二种形式体现为知识的上升流动，即强调了知识升华和创造。例如，Hau 等（2013）认为，知识共享不仅局限于个体之间的同层面横向互动。因为知识共享是关键的组织学习活动，隐性和显性知识的相互转化以及传播能够激发创新能力并驱动创造新的知识。这种活动可以帮助企业形成组织上下共同参与创建和使用知识网络的一种共识，并提供决策信息和关键技术来解决问题、创新思路以及实施新战略和生产流程的组织活动，以此获得绩效或竞争优势（Wang 和 Noe，2010）。朱秀梅等（2011）研究指出，知识共享是组织内的知识与信息在各职能部门和组织成员之间进行流动和整合的过程，同时也是显性知识和隐性知识相互转化的过程，通过知识的交流和整合，组织对已有知识的认知和理解不断地深化，进而提升企业机会与资源开发的效率。

综上所述，知识共享（隐性和显性）即知识的内在转化以及在组织网络结构中的有序循环和上下螺旋式的流动，意味着实现了知识由组织的一个节点到另外一个节点，可能是横向或纵向的知识交流。知识共享涉及组织学习过程，可以是"个体—团队—组织"的向前推进型,也可以是"组织—团队—个体"的向后反哺式。因此,知识共享保障了储存于组织网络各个位置的知识的二次链接、重组、创造、沉淀和升华。

2.2.2.2 知识共享的维度划分

知识共享的维度划分也是研究者关注的焦点。现有研究关于知识共享的维度划分观点不一致,从二维度到多维度的划分都在不同研究中得以体现。本研究将相关维度的划分总结为以下几个视角,具体情况参见表2.1。

基于知识类型的维度划分。代表性的观点是根据隐性知识和显性知识两种知识类型,将知识共享划分为显性知识共享和隐性知识共享(Chumg等,2015;Wang等,2014;王娟茹和罗岭,2015)。Zellner(2003)在研究中根据所共享的知识是否为专门性知识,划分为专门性知识共享和非专门性知识共享两个维度。

基于知识共享特征的维度划分。例如,Wang和Noe(2010)认为,知识共享包含知识共享的范围(Scope)和知识共享的多样性(Disversity);Shan等(2013)则认为,知识共享应该同时共享质量和共享数量。Zahra等(2007)在研究中将知识共享的维度明确划分为正式和非正式知识共享。Taminiau等(2009)也做了同样的维度划分,并且强调了正式知识共享的"管理者制度化"和非正式知识共享的"网络关系化"特征。另外,也有学者将知识共享区分为市场机制主导型和非市场机制主导型两类,前者是市场驱动行为,后者是政府力量主导或社会力量推动的知识共享(周永红等,2014)。

基于过程视角的维度划分。Zárraga和Bonache(2003)依据知识共享行为的过程,认为其包括知识转移和知识创造两个维度。Bradshaw等(2015)在研究中借鉴Nonaka的观点将知识共享划分为四个维度,即知识组合、组织内化、组织外化和知识社会化,知识共享是涵盖以上四个维度的动态行为过程,其中知识内化意味着通过不同的形式寻找获取知识的一种行为,包含边做边学、读书中学习,或者从理解知识的编码中学习;而知识外化过程中,用自身拥有的知识以演讲、会议、项目组介绍等方式对隐性知识进行解释,或者将隐性知识显性化,知识外部化发生在现有知识的重用、更新或者是新知识的产生过程中。也有部分学者将知识共享划分为知识贡献和知识收集两个子维度，其中知识贡献是指与其他组织成员进行交流和沟通，来分享自身具备的知识资本，而知识搜集是指通过向其他组织成员询问和学习，进而获得他人所拥有的知识资本（Hooff 和 Weenen，2004；Jain 等，2015）。

表 2.1　知识共享的维度划分

划分依据	维度	代表性学者
知识类型	显性知识共享、隐性知识共享；专门性知识共享、非专门性知识共享	Chumg 等（2015）；Wang 等（2014）；Zellner（2003）
知识共享特征	知识共享范围、知识共享的多样性；共享质量和共享数量；正式知识共享、非正式知识共享	Wang 和 Noe（2010）；Shan 等（2013）；Zahra 等（2007）
过程视角	知识转移和知识创造；知识的组合、组织的内化、组织的外化和知识的社会化；知识贡献和知识收集	Zárraga 和 Bonache（2003）；Bradshaw 等（2015）；Hooff 和 Weenen（2004）；Lin（2007）；Jain 等（2015）

资料来源：根据相关文献整理。

综上所述，理论界关于知识共享的内涵和维度划分研究尚未达成共识。经过梳理不难发现，显性知识共享和隐性知识共享、知识贡献和知识收集、正式知识共享和非正式知识共享三种维度划分最受学者重视。知识共享是动态复杂的社会交互过程，知识贡献和知识收集强调了个体与他人沟通自身所了解的知识，或者是积极向他人请教并学习其所具备的知识的过程，体现了人人参与共享的积极行为，构成了组织共享的基础。正式与非正式知识共享是以组织网络和制度为基础，前者倾向于使用结构化的、深思熟虑的、正式化的渠道，对可获取的、可存储的和可检索的知识开展共享实践，这个过程中知识很容易被包装和转移；后者是指通过非结构化的、面对面的和个体非正式的交换惯例，对隐性的、社会构建的和集体持有的知识进行共享实践，整个过程注重培育和保持集体知识。

显性知识共享强调的是与他人分享本质上是客观和正式的，以文档、报告、白皮书、目录、演示文档、专利和公式等形式被描述和表达的知识（Chumg 等，

2015);隐性知识共享则根植于教育过程、价值观或者文化中的难以描述或难以被记录的知识,并且高度依赖知识载体和情境(Wang 等,2014)。二者是组织内部成功进行知识共享和创造的关键,隐性知识共享能积极促进显性知识共享(Hau 等,2013),而显性知识共享的过程中也伴随发生隐性知识共享。

2.2.2.3 知识共享的影响因素

哪些因素影响或促进组织的知识共享是分析企业如何获取、创造新知识并形成核心能力的关键。回顾已有文献,现有学者对知识共享行为的相关影响因素分析已经开展了大量的研究工作。本书结合相关文献的观点,发现学者们主要从个体层面的心理特征,组织层面的组织文化和结构、社会资本和人力资本,以及相关的技术特征等角度加以分析(Fong 等,2011)。

(1)个体心理特征因素。个体是知识共享的发起者和执行者,因此个体特征,特别是心理动机是理解、发起、实现知识共享行为的重要影响因素。例如 Lin 和 Lee(2004)通过对中国台湾企业中高级经理的调查发现,高级经理对待知识共享的态度、主观规范等都积极影响组织的知识共享。Lin(2007)大型私营企业的研究结果显示,内在动机(知识自我效能、愿意帮助他人)和外在动机(互惠收益)对知识共享的"态度和意图"产生重要作用。Yusof 和 Ismail(2010)研究了马来西亚公共部门组织中个体心理因素与知识共享的影响关系。结果显示,员工的品格是保障知识共享质量的重要因素,而员工的信任和意识也起到积极的促进作用。另有学者探讨了信任(Jain,2015)、知识自我效能(Lin,2007)、态度(Ibrahim 和 Heng,2015)等对知识共享的影响。代表性学者如 Ibrahim 和 Heng(2015)发现,在中小企业情境下,个体间的信任,以及个体动机、态度、兴趣和自我效能等,在促进企业知识共享中扮演了重要的角色。少量研究关注了领导力的作用,如 Li 等(2014)引入了领导力因素并验证了领导力对组织知识共享的积极影响。

(2)组织文化和组织结构。组织层面所体现出来的文化氛围和组织结构特征是学者们在探讨知识共享时最为青睐的分析要素,因为这些组织要素对于知识共享的效率和效果影响显著。例如,根据 Adel 等(2007)的研究,信任氛围、沟通环境、组织结构等因素都积极促进组织的知识共享。Jones 等（2006）则采用企业案例研究，检验了组织文化对知识共享的影响作用。

在具体的文化维度划分及其对知识共享的作用方面，Abili 等（2011）将组织文化划分为官僚文化、创新文化和支持文化，发现创新文化、支持文化积极影响组织知识共享，而官僚文化的作用则反之。此外，有研究认为组织的开放性文化对知识共享产生积极影响作用。Ibrahim 和 Heng（2015）针对中小企业情境的研究，发现工作场所的学习氛围（个体学习、团队学习、组织学习）积极促进企业的知识共享实践。Jain 等（2015）以马来西亚为例，研究了新兴市场中跨国企业的知识共享。结果显示，组织内的关系文化和创新氛围积极影响知识贡献和收集过程，并且组织成员间的认知信任、情感信任与知识共享积极相关。值得一提的是，Huang（2011）探讨了中国情境下特有的影响知识共享的文化因素，即面子、关系导向和信任，结果发现获得面子（Face Gaining）、关系导向积极影响知识共享，而保全面子（Face Saving）阻碍知识共享；信任因素方面，情感信任积极影响知识共享意图，认知信任与知识共享意图不相关。这与先前学者针对其他情境的研究结论有所不同。

组织结构也被认为是重要的影响因素。代表性学者 Tsai（2002）研究了复杂的组织内结构对知识共享的影响效率。结果发现，正式的层级结构，以集权化的形式，对知识共享具有严重的负面影响；非正式的横向关系，以社会交互作用形式，对知识共享有非常大的促进作用。Abili 等（2011）的研究将组织结构划分为复杂化、集权化和官僚主义三种类型，然而实证分析结果显示这三种结构均不利于组织内的知识共享。Islam 等（2015）检验了马来西亚跨国企业中形式化和集权化两种组织结构的消极影响。此外，Adel 等（2007）也同样关注了组织结构对组织内知识共享的作用。

（3）社会资本与人力资源管理。知识共享是建立在社会交互基础上的知识、经验和技能的交换（Zahra 等，2007）。因此，企业具有的社会资本和人力对知识共享的重要性不言而喻。在社会资本方面，学者们主要借鉴了社会资本理论所阐述的三维度模型，即探讨结构资本、关系资本、认知资本对知识共享的影响。例如，Hau 等（2013）根据社会资本理论，实证检验了韩国酒店行业中社会资本对组织知识共享的影响，结果显示社会资本的三个维度均积极促进组织的知识贡献和知识收集过程，其中认知资本对员工的知识收集影响最为强烈，而关系资本对员工的知识贡献影响最为强烈。Chumg 等（2015）以中国台湾的 NGOs 虚拟组织为研究对象，检验在组织氛围（员工满意度）的中介作用下社会资本对知识共享的影响关系。结果发现，当组织展现出很高水平的社会资本趋势时，员工的满意度大幅度提高，这将促进越来越多的员工既贡献隐性知识也贡献显性知识。

在人力资源管理方面，已有较多研究都表明企业所拥有的人力因素是决定知识共享成功与否的关键。例如，有学者以马来西亚企业为研究对象，探讨人力资本对知识共享的影响，结果显示组织的招聘和选拔、绩效评估、团队合作、培训和研发等都与知识共享显著正相关，然而薪酬、奖励等因素与知识共享的关系没有得到证实（Fong，2011）。

（4）信息技术特征。由于信息通信技术的进步和知识快速传播，信息通信技术（ICT）逐渐成为促进知识共享的重要工具。学者们对此基本形成共识，技术因素对组织共享的作用越来越显著。例如 Lin（2007）研究了技术因素与知识共享的关系，发现信息和通信技术的应用积极影响知识收集过程，但对知识贡献过程影响甚微。此外，Davison 和 Ou（2012）的研究都证实了知识共享过程中信息和通信技术的关键作用。

从以上分析可以看出，目前众多的影响因素被学者们所关注。然而这些因素的作用并不是独立的，而是对知识共享行为产生交互作用。因此，较多研究同时关注了多个影响因素，例如 Kwok 和 Gao（2005）探讨了外在动机、吸收能力、渠道丰富性等因素与知识共享之间的关系。Hau 等（2013）实证检验了个体心理动机（奖励、互惠、满足感）和社会资本（关系、信任、目标）与隐性—显性知识共享之间的关系。关于不同影响因素间的交互作用也是未来需要关注的重点。

2.2.2.4 知识共享对组织产出的作用研究

知识共享作为组织获取和创造新知识的重要途径，是组织获取创新绩效、财务绩效，推动组织成长和获取竞争优势的重要推动力。从对已有文献的总结来看，知识共享对组织产出既包括直接影响也包括间接作用。为此，本部分将从这两方面进行文献的总结。

（1）知识共享对组织产出的直接作用。知识作为组织的核心资源，较多学者发现在有效的共享实践中可以直接影响组织的财务绩效。因此，关于知识共享与企业绩效间的关系是研究者关注的重点问题。Iyamah 和 Ohiorenoya（2015）实证检验了尼日利亚的石油和天然气行业中知识共享对组织绩效的影响，结果显示知识共享与组织绩效积极相关。因为知识共享能提高营销水平、更好的供应商支持和降低成本，从而有助于企业获得更好的财务绩效。根据朱秀梅等（2011）的研究，知识共享对企业获得长期和短期绩效均有帮助。Yang（2010）验证了酒店行业中知识管理的重要作用，认为知识共享是有助于满足顾客偏好、帮助改善服务、避免失败案例重演、降低运营成本和提升企业效率等有价值的组织活动。Hau 等（2013）的研究验证了知识共享的两个子过程知识贡献和知识收集对企业绩效的作用，并且发现知识收集对绩效的影响要比知识贡献对绩效的影响作用大。

也有学者探讨了知识共享对企业创新的作用。知识共享对组织学习新的技术、解决问题、创造核心竞争力以及启动新的业务等均非常重要（Bradshaw 等，2015）。Majchrzak 等（2004）针对美国企业的研究指出，知识共享积极影响企业的创新活动。Krizman（2009）基于斯洛文尼亚的外包物流服务企业的研究也得出了相同的结论。Ritala 等（2015）、徐国东和郭鹏（2012）也证实了知识共享对相关的创新绩效产生影响。王娟茹和罗岭（2015）研究发现，显性知识共享与隐性知识共享均显著积极影响创新的速度和质量，并且显性知识共享对创新速度的作用更大，隐性知识共享对创新质量的作用更大。

积极有效的知识共享还对组织内员工的工作绩效和创新能力产生积极作用。例如，Dong 等（2017）的研究提出，组织内部团队的知识共享是提高员工创造力的关键措施。Aulawi 等（2009）通过对印度尼西亚电信公司 125 名员工调查发现，企业内积极的知识共享给个体提供了更加广泛的创造新想法和开发新业务的机会，从而提升员工的创新能力。知识共享可以使个体彼此间的联系更加紧密，产生信任并建立起互惠原则，有益于个体获得新的知识和技能，以提升个体工作绩效。另外，Krizman（2009）、Majchrzak 等（2004）的研究实证检验了知识共享积极影响团队的创新性，并积极提升团队绩效。知识共享与公司创业也存在密切相关关系，能够激励企业家精神。

（2）知识共享对组织产出的间接影响。尽管知识共享对组织的直接作用被现有研究所认同，但随着研究的进一步深入，学者们开始关注另一个更有价值的问题，即这种知识共享行为通过何种路径或以怎样的方式影响组织？因此，研究焦点转向尝试打开知识共享影响企业产出的作用路径这一"黑箱"，揭示知识共享对企业产出的间接影响。

目前探讨得较多的是基于创新能力视角来揭示知识共享的间接作用。创新能力体现的是企业通过产品创新、流程创新和管理创新来获取绩效的能力。根据 Hau 等（2013）的研究，积极的知识共享有助于企业构建创新能力，帮助企业实施新的管理思路、生产流程、客户服务和产品开发。这将积极推动组织获得顾客和市场的认可，从而提高市场占有率和财务绩效。Majchrzak 等（2004）、Lin（2007）、Krizman（2009）等学者的研究均认为知识共享对组织创新能力有显著影响，这将推动组织通过推出创新性的产品或服务、优化流程、采用新的营销模式和生产方式等来提高企业绩效。Sáen 等（2012）通过对比高科技产业和低技术产业，验证了知识共享对企业培育创新能力，进而创造价值的积极作用。朱秀梅等（2011）的研究也得出了相类似的结果，他们认为知识共享对组织竞争优势的影响过程中，创新能力在二者之间起到了积极的中介作用。Wang 和 Noe（2010）也做了相似的路径探讨，企业实施积极的知识共享实践，提升创新能力，最终获得卓越绩效。

人力资本也被认为是推动知识共享获取更高产出的关键路径。根据人力资本相关理论，人力资本包括了员工的知识、技能和能力等方面。在管理实践过程中，组织建立起以知识共享为目的内部关系，促进员工间学习活动的产生，这将积极提升员工的知识、技能和能力，优化的人力资本将帮助企业获得更高的绩效和适应环境的能力。Hsu（2008）的研究很好地证实了人力资本的关键作用，他通过研究发现，组织通过知识共享能培育和发展人力资本，进而提升组织绩效。Wang 等（2014）也检验了相同的作用路径，认为人力资本在知识共享与企业绩效之间的影响关系中起到中介作用，并且知识共享是企业高效率的创造、固化和传递智力资本的最佳途径。

2.2.3 动态能力相关研究

资源视角分析企业问题是源于 Penrose（1959）的见解，在他的基础上，Wernerfelt（1984）提出了资源基础观（Resource – based View），Barney（1991）在之前学者的研究基础上进一步地推广了这一理论。资源基础观的核心观点认为资源是企业竞争优势的起源，资源不同程度地分布在各个企业之中，并且随着时间的推移形成企业的资源异质性（Penrose，1959；Wernerfelt，1984；Barney，1991；Mahoney 和 Pandian，1992）。这些学者认为企业之所以能够形成竞争优势，是源于它们拥有有价值的、稀缺的、难以模仿和替代的资源（Barney，1991）。然而，资源基础观主要从静态视角揭示了企业竞争优势的来源（贺小刚等，2006；胡望斌等，2009；刘井建，2011），并没有解释随着环境的变化，企业获取竞争优势的内在机制。随着市场变化和技术进步，企业面临的竞争环境日益激烈，这一背景下传统的资源基础观对于解释企业发展中存在的问题存在不足，或者说并不能清晰解释这一背景下企业实现竞争优势的内在原理（Barreto，2010；刘井建，2011）。

为了解释动态环境下企业如何获取竞争优势，以 Teece 等为代表的学者提出了动态能力理论（Teece 和 Pisano，1994；Teece 等，1997；Eisenhardt 和 Martin，2000）。动态能力是对资源基础观的补充和完善（Wang 和 Ahmed，2007；刘井建，2011），为解释变化环境中企业的生存和发展问题提供了更加坚实的理论依据。因此，它与传统的资源基础观之间是存在区别的。其认为企业在变化环境中的生存和成长离不开动态能力，它有助于帮助企业应对环境的变化和重构企业的资源（马鸿佳等，2010；董保宝等，2011）。因此，动态能力的提出受到学者们的广泛认可,其被看作解释变化环境中企业生存和成长问题的核心理论。当前中国处于产业升级和经济转型关键时期,创业是实现当前发展目标的重要推动力量,新企业面临环境的变化性和不确定性要求我们从动态视角去剖析企业竞争优势的获取。因此,动态能力是分析当前创业问题的重要视角,是对传统资源基础观的有效补充和提升。本研究将对国内外动态能力已有研究展开回顾,以此为基础构建研究模型和解释研究问题。

2.2.3.1 动态能力的内涵

如上述动态能力提出背景所述,动态能力是基于资源基础观提出,Teece 和 Pisano (1994) 以及 Teece 等 (1997) 对传统资源观进一步丰富和发展,提出了动态能力理论。经过二十多年的发展,围绕动态能力的概念形成了大量的成果,然而,这些观点尚未达成共识(冯军政和魏江,2011),学者根据研究目的和研究背景从不同视角对动态能力的内涵进行了解释。以下将对国内外代表性学者关于动态能力概念的观点进行整理,为本研究对动态能力的界定提供理论基础。具体情况如表2.2所示。

表2.2 动态能力概念及代表性学者

动态能力的概念	代表性学者
动态能力是企业整合、构建和重新配置组织内外部资源和能力以应对外部环境快速变化的能力	Teece 等 (1997)
动态能力是可识别的常规惯例和流程,体现为获取、整合、重新配置和剥离资源以匹配或创造市场变化的过程,是一系列资源动态组合基础上形成的发展的能力	Eisenhardt 和 Martin (2000)
动态能力是企业的一种可以通过学习实现的和相对稳定的行动模式,通过这种模式可以对其运营管理进行系统的改进从而提升企业的效率	Zollo 和 Winter (2002)
动态能力是指根据企业主要决策者的想法重新配置企业资源和惯例的能力	Zahra、Sapienza 和 Davidsson (2006)
动态能力是指企业感知和塑造机会的能力,抓住机会的能力以及通过整合企业的显性和隐性资源维持竞争优势的能力	Teece 等 (2007)
动态能力是指改变组织的能力,能够帮助企业克服组织的刚性以适应变化环境的能力	弋亚群等 (2006)

续表

动态能力的概念	代表性学者
动态能力是指能够使企业的内部资源（知识资源和财产资源）和外部环境实现匹配的能力	魏江和焦豪（2007）
动态能力是指能够确保企业内部资源可以同外部运营环境实现匹配的能力	尹苗苗和蔡莉（2010）
动态能力是指企业运营中能够整合和配置其所具有的能力和资源，并且根据环境的需要对他们进行重新配置	董保宝等（2011）

资料来源：笔者根据相关文献整理。

2.2.3.2 动态能力的维度划分

动态能力研究概念界定不清晰，导致了其构成维度存在不同的观点（冯军政和魏江，2011），而这些不一致甚至混乱的结果导致动态能力的测量方面产生分歧，影响了实证研究结论的可比较性以及该理论的深入发展。上文回顾了不同学者对动态能力概念的不同观点，本部分的主要目的是对其构成维度的已有研究整理回顾，以期为下一步深入研究奠定基础。

动态能力具有难操作性和检验性特点（Eisenhardt 和 Martin，2000；贺小刚等，2006），对其进行合理的量化是社会科学能够深入开展必须完成的任务，明确其构成维度是保障测量顺利实现的重要前提。梳理文献发现，动态能力的构成维度虽然存在分歧，但其观点可以从两方面进行梳理，即行为维度扩展到组织认知维度视角以及企业完成具体战略和组织任务过程视角（冯军政和魏江，2011）。本部分对动态能力构成维度研究回顾中借鉴上述观点，对国内外代表性学者的观点进行总结，具体情况如表2.3所示。

表2.3 动态能力维度分类及代表性学者

维度	代表性学者
适应能力、整合能力和重构能力	Teece 和 Pisano（1994）
机会感知能力、机会利用能力和重构能力	Teece 等（2000）
整合能力、重构能力、获取能力和释放能力	Eisenhardt 和 Martin（2000）

续表

维度	代表性学者
适应能力、吸收能力和创新能力	Wang 和 Ahmed（2007）；Biedenbach 和 Muller（2012）
资源整合能力、资源再配置能力以及学习能力	Wu 等（2007）
学习能力、协调能力与变革能力	Caloghirou 等（2004）
关系能力、感知能力、吸收能力和整合能力	Lin 等（2016）
市场潜力、组织柔性、战略隔绝、组织学习与组织变革	贺小刚等（2006）
环境洞察能力、变革更新能力、技术柔性能力、组织柔性能力	焦豪等（2008）
环境适应能力、组织变革能力、资源整合能力、学习能力和战略隔绝机制	董保宝等（2011）
机会感知能力、资源整合能力、资源重构能力	冯军政和魏江（2011）
机会识别能力和机会利用能力	吴航和陈劲（2014）

资料来源：笔者根据相关文献整理。

从上述文献回顾发现，对于动态能力的分类存在不同的观点，无论是国外研究还是国内研究，均尚未达成一致观点。考虑到本研究是探讨中国情境下新企业动态能力问题，因此下一部分将会结合中国情境和新企业特点来解释本研究认可的动态能力的构成维度。

2.2.3.3 动态能力的研究概述

动态能力是企业适应变化环境的重要能力（Teece、Pisano 和 Shuen，1997），源于资源基础观，但不同于资源基础观。从现有研究来看，动态能力的研究可以分为两大范畴：一方面是围绕动态能力的本质，即动态动力是什么的理论探究；另一方面是围绕动态能力的构成要素展开，探讨它们的影响因素以及对企业的影响的实证分析。然而，现有研究主要是聚焦于成熟企业，关于新企业动态能力的研究相对不足（胡望斌、张玉利和牛芳，2009）。然而，与成熟企业相比，新企业新入劣势的存在导致以成熟企业为对象的研究可能并不适用于新企业。本部分的目的是对已有研究展开回顾，回顾内容如图 2.1 所示，然后以此为基础探讨新企业动态能力相关问题。

Teece 等（1997）关于动态能力的探讨应该是关于动态能力的研究中最具有

影响力的。他们认为动态能力是资源基础观的拓展，是企业适应变化环境的关键能力。资源基础观认为企业竞争优势是源于企业拥有的异质性资源，即只要企业的资源是稀缺的和有价值的，并难以模仿，就可以帮助企业获取竞争优势（Barney，1991）。然而，企业面临的环境，尤其是新企业面临的环境是变化的，那么，动态环境下资源基础观并不能解释部分企业如何实现竞争优势。Teece和他的团队提出的动态能力这一概念，通过对资源基础观理论的扩展，帮助我们解释了变化环境下企业如何实现竞争优势的内在机理。

Barreto（2010）通过对前人研究的总结，从以下六个方面对动态能力的本质展开了阐述。第一，它们强调了动态能力这一概念的本质是一种能力，且体现了战略管理的思想，因此将资源基础观扩展为一种能力观；第二，认为这种特殊能力的目的是整合、构建和重置企业的内外部资源与能力，因此往往会从惯例、组织依赖、组织学习等方面进行分析，是一种演化经济学的视角；第三，这种能力主要是为了应对特殊的外部环境，即快速变化的环境，这是动态能力从资源基础观的思想进行扩展的关键原因，并且这种扩展后的思想更加具有创新性；第四，他们认为动态能力是通过企业的发展过程逐渐构建的，并不是可以通过交易行为获取的，这与演化经济学的思想是相匹配的；第五，他们认为如果从资源基础观视角分析企业的资源和能力可能是相似的，但是从动态能力视角分析因为企业发展路径、资本定位以及差异的生产流程导致能力是不同的；第六，持续竞争优势是动态能力产生的直接结果。

从上述Barreto（2010）对于前人关于动态能力本质的总结可以看出，关于其本质存在一定的共性：动态能力是一种能力，是企业发展过程中逐渐建立的能力，其主要是帮助企业应对外部环境的变化从而实现竞争优势，表现出了创业性质。然而，Corner和Wu（2012）对于新企业创建过程中动态能力构建的研究中指出，大多数动态能力的相关研究是以成熟企业为对象（Zahra等，2006），探讨这些企业如何利用动态能力开发机会和应对威胁，形成竞争优势。但是，关于动态能力在新的企业如何发挥作用缺乏探讨，即动态能力如何帮助新企业在创建过程中开发产品和市场的内在机理缺乏关注。因此，动态能力的本质的认知虽然逐渐形成了共识，但是考虑到新企业和成熟企业间差异的存在，新企业动态能力的特殊性是有研究必要的。

（1）动态能力的形成机制。动态能力是企业发展过程中逐渐创建的能力，因此从演化视角分析动态能力的产生原理得到研究者的认可（Barreto，2010）。学习机制被认为是塑造动态能力的重要机制（Chien 和 Tsai，2012），以 Zollo 和 Winter（2002）等为代表的学者认为，诸如知识阐述和知识编码等有意识的认知过程是形成动态能力的关键，尹苗苗和蔡莉（2010）的研究进一步验证了上述观点，他们在研究中认为组织学习通过对经验的积累，创造新知识和改造旧知识从而形成更新企业的动态能力；Zahra 等（2006）对上述观点进行了补充，他们认为其他的学习机制诸如试错、即兴和模仿等同样是形成动态能力的关键。并且，两者区别可能体现为 Zollo 和 Winter（2002）等学者从经验视角分析动态能力的形成主要是以成熟企业为分析对象，Zahra 等（2006）等学者从试错、即兴视角分析动态能力的形成主要是聚焦于新企业。

随着学习视角剖析动态能力研究的深入，从其他组织因素剖析动态能力的形成机理逐渐受到关注。胡望斌、张玉利和牛芳（2009）研究中指出，动态能力是企业应对环境变化的能力，创业导向是企业追逐新事业、应对环境变化的心智模式，因此会对动态能力的形成产生影响。董保宝、葛宝山和王侃（2011）从资源整合的视角对动态能力的形成展开探讨，他们认为企业的资源整合会影响动态能力的形成。Zhou 和 Li（2010）研究中指出，战略导向体现了企业应对环境变化的战略选择，包括顾客、竞争者、技术等，动态能力是关注企业如何整合和重置现有资源以应对环境变化，因此战略导向是驱动企业动态能力形成的重要因素。Wohlgemuth 和 Wenzel（2016）从惯例的视角实证探究了企业动态能力的产生，利用实证检验的回归方法探究惯例对动态能力的影响来探索这一理论冲突，研究发现在战略层次具备动态能力的企业表现出惯性，同时发现在运营层次上具备动态能力的企业并不具备惯性。

从上述分析可以看出，学习视角剖析动态能力的形成机理是关键的研究视角，即使后期学者在研究中逐渐将导向、惯例等要素纳入研究中，分析他们的研究思路不难发现,这些要素影响了动态能力的产生,或它们驱动企业塑造动态能力。但是,企业形成动态能力的内在过程是学习。魏江和焦豪(2008)的研究正好验证了上述观点,他们在研究中阐述了创业导向通过影响企业的组织学习,进而提升动态能力的内在机理。类似的研究如董保宝和李白杨(2014)探讨学习导向、动态能力和竞争优势的关系进一步验证了以上观点。

(2)动态能力的作用结果。动态能力的研究中对于其作用结果可以从直接结果和间接结果两部分展开回顾。关注动态能力对于企业直接结果的研究中分析了动态能力对企业绩效和竞争优势的影响。Li 和 Liu(2014)以中国企业为研究对象,分析了动态能力如何影响竞争优势,并且考虑了环境动态性的作用。类似地,Biedenbach 和 Müller(2012)将动态能力分为创新能力、适应能力以及吸收能力,深入分析了它们与短期和长期绩效间的关系。董保宝、葛宝山和王侃(2011)从动态能力视角剖析了资源整合对竞争优势的作用路径,在文中深入分析了动态能力如何影响企业的竞争优势。Newbert(2005)研究指出,在产业结构发生适度变化的环境中,动态能力最有可能表现为简单的、渐进的调整过程;在产业结构发生巨大变化的环境中,动态能力则以试验的方式发生变化,依赖于新知识的不断整合和企业资源的剥离。

另外,部分学者在解释动态能力作用中关注了对企业的间接影响,并没有分析动态能力的直接作用。Ellonen、Wikstrom 和 Jantunen(2009)关注了动态能力与创新间的关系。Lin、Su 和 Higgins(2016)分析了不同类型的动态能力对于创新过程四阶段的影响,研究发现动态能力对管理创新过程的不同阶段都具有影响,包括从开始到实施过程。具体情况如图 2.1 所示。

2.2.3.4 新企业动态能力

为了能够验证动态能力在中国转型情境下新企业创业过程中的重要性以及完善动态能力理论,本部分的主要目的是通过情境的描述和新企业特征的分析,选择本书认为适合于中国转型情境下新企业动态能力的分类方式。通过对现有文献的梳理和总结,本书发现动态能力的构成维度的研究主要是从如下两种视角进行分类:第一,从目的视角探讨动态能力的构成维度,即关注动态能力在企业中的

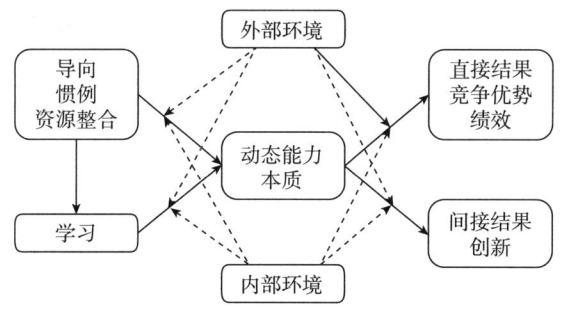

图 2.1 动态能力研究整合框架

注：实线代表已有学者关注，虚线代表未来研究关注。

作用结果。如 Teece 等（2000）认为，动态能力是由机会感知能力、机会利用能力和重构能力构成，它能够帮助企业发现外部机会并且利用机会；类似地，Wu 等（2007）认为，动态能力的构成包括资源整合能力、资源再配置能力以及学习能力，他们的研究中对动态能力的构成分类也是从其作用目的出发的。第二，从过程视角探讨动态能力，即关注动态能力在企业中的作用路径。如 Wang 和 Ahmed（2007）认为，动态能力应该包含适应能力、吸收能力和创新能力，这些能力是帮助企业利用机会和整合资源的能力，是从动态能力的作用内在路径视角分析。虽然现有研究可以从上述两个方面进行区分，然而，学者在研究过程中基于研究背景和研究目的的不同，对动态能力构成维度的划分中往往会出现相互重叠的现象，甚至一种分类包含了上述两个视角，会使现有动态能力实证研究的结论的可比性和有效性受到质疑，甚至影响对实践的指导作用。

从外部环境来看，产业升级和结构转型是当前中国经济发展的重要特点，动态能力是企业适应外部环境变化，快速做出回应的能力（Teece 等，1997；魏江和焦豪，2007；尹苗苗和蔡莉，2010），新经济形势下动态能力是企业能够生存和成长的关键能力。那么，对于这种特殊情境（经济转型）下特殊企业（新企业）应对环境的动态能力如何描述呢？从企业自身来看，新企业具有新生性劣势，缺乏知识资源（朱秀梅等，2011；Cai 等，2017）。在市场活动中新企业面临新入劣势,成长是其对抗生存压力的手段,而新企业的成长过程体现为动态能力的构建和演化过程(胡望斌等,2009)。因此,新企业需要动态能力整合有限的资源,以应对企业发展过程中面临的不确定性。综合上述分析,对于转型过程中的新企业而言,动态能力是企业整合内部资源和获取外部资源,从而应对环境变化的能力。

前文对动态能力的构成维度进行了回顾,发现学者关于动态能力的构成尚未形成一致观点。本研究中结合中国转型环境的特点和新企业特点,认为动态能力是整合内部资源和吸收外部资源,适应环境变化的能力,因此研究中借鉴 Wang 和 Ahmed(2007)以及 Biedenbach 和 Müller(2012)的观点,从创新能力、吸收能力和适应能力的视角分析新企业动态能力的构成。以下将首先介绍这三个能力类型的概念,并解释它们为什么是新企业发展中动态能力的主要组成要素(具体见图2.2)。

创新能力是指企业开发新产品和新市场的能力,是企业创新行为的表现(Wang 和 Ahmed,2007)。创新能力是企业根据外部环境的变化进行变革以维持生产和实现成长的能力,是企业完成创新战略的保障(Akman 和 Yilmaz,2008),是企业实现战略更新和成长的基础。新企业缺乏市场合法性,在市场中受到的认可度较低(Delmar 和 Shane,2004;Cai 等,2017),为了与市场中的已有企业竞争它们需要形成差异化的产品/服务或者开发新的市场,创新能力是新企业实现这一目标的基础。因此,新企业进入市场和实现成长离不开创新能力的支持。

吸收能力是指企业识别到外部有价值的信息,并通过学习过程吸收并利用这些外部知识的能力(Lane 等,2006;Biedenbach 和 Müller,2012;Martinkenaite 和 Breunig,2016)。新企业因为新入劣势的存在,面对市场和技术变化带来挑战中依靠自身资源禀赋可能是不够的,需要吸收外部知识。Wang 和 Ahmed(2007)指出,较高吸收能力的企业能够从商业伙伴学习,并整合外部信息、转移外部信息,将其内化为企业知识。因此,吸收能力对于新企业很重要,是它们应对变化环境带来的挑战和弥补新入劣势的重要能力。

适应能力是指识别和利用新兴市场中机会的能力(Wang 和 Ahmed,2007;

Biedenbach 和 Müller，2012），主要包括技术方面、市场方面合组织自身方面产生的机会（Tuominen、Rajala 和 Möller，2004）。适应能力反映了企业重新配置资源和调整自身行为，从而快速与变化环境相匹配的能力（Zhou 和 Li，2010）。因此，对处于变化环境中的新企业而言，强适应能力通过资源的灵活性和调整资源和能力使企业与外部环境相匹配，从而有利于新企业在变化环境中的生存和成长。产业升级和结构转型是当前中国经济发展的重要特点，在这种背景下新企业会面临市场、技术等环境的变化带来的挑战，参与市场活动中离不开适应能力的支持。

本书认为，动态能力是整合内部资源和吸收外部资源，适应环境变化的能力，从上述对创新能力、吸收能力和适应能力的分析可以看出，它们三种能力虽然不能完全解释动态能力的所有构成，但代表了动态能力，尤其是变化环境中新企业动态能力最主要的构成要素。究其原因：第一，创新能力强调了新企业能够创造新产品/服务，从而与竞争对手形成差异，实现竞争优势。对于新企业而言，尤其是缺乏市场合法性的新企业，需要获得市场认可，需要提供与竞争对手相差异的产品/服务（Cai 等，2017），创新能力是关键。第二，吸收能力强调了对外部有效信息的吸收以及与企业已有知识的整合，创造新知识，是一个学习的过程中，帮助新企业克服自身知识局限性。第三，适应能力强调了新企业自身的灵活性和柔性战略，以及根据环境变化有效地调整自身的资源配置。创业是一个动态的过程，会面临很多不确定性（Polits，2005），因此新企业需要具备适应能力，根据环境变化需求调整自身的资源配置（具体见图2.2）。

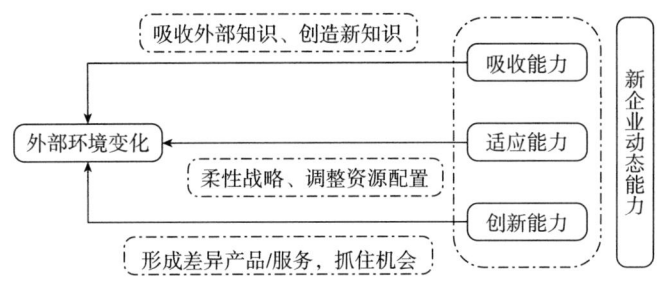

图 2.2　新企业动态能力构成

综上可以看出，动态能力的研究形成了大量成果，其概念、影响因素、作用效果的研究都得到了学者的关注，为该理论的进一步深入研究奠定了坚实的基础。然而，目前对于动态能力研究仍然存在如下不足，有待深入：第一，虽然动态能力的本质特征逐渐形成一致认可，但是其构成维度尚未形成一致结论，这样会制约实证研究的深入开展，难以形成一致性的结论，对实践指导会受到影响；第二，学习视角分析动态能力受到学术界认可，但是关于学习的细化研究缺乏，即具体的学习形式（如知识共享）如何影响动态能力的研究缺乏；第三，动态能力是企业应对环境变化带来的机会和挑战的能力，那么，它在发挥作用过程中会受到组织外部因素的影响，现有研究主要关注了外部环境变化对动态能力作用的影响，企业内部因素对于动态能力作用的影响研究有限。

创业的兴起和新企业高失败率问题仍未得到有效解决，为我们研究动态能力提供了机会和平台。如上文所述，外部环境的快速变化和企业自身的新入劣势导致新企业很难存活，面对这些危机，如何提升动态能力帮助新企业应对威胁和开发机会尤为重要。基于这一问题，本研究试图细化知识管理的内在过程：第一，以细化知识管理为基础，继续深化和验证知识管理视角下新企业如何提升动态能力；第二，结合新企业特征解释动态能力的构成维度，探讨它们如何影响新企业竞争优势，强调动态能力对新企业的重要性以及动态能力不同构成维度的作用效果；第三，从动态能力视角揭示知识共享影响新企业竞争优势的内在机理，帮助新企业认识知识共享重要性的同时理解知识共享的作用路径。

2.2.4 新企业竞争优势相关研究

竞争优势的研究源于成熟企业，是为了揭示市场活动中与竞争对手相比，某方面更具优势，如市场开拓、产品创新程度等（Walter 等，2006；陈彪等，2018）。然而，与成熟企业相比，新企业创业过程中受"新入劣势"的影响，市场合法性不足，导致它们参与市场活动中需要与竞争对手形成差异，塑造竞争优势。因此，新企业竞争优势逐渐受到研究关注（董保宝和周晓月，2015；Cai 等，2017），它揭示了新企业在市场竞争中生存和成长的内在动力源。从已有研究梳理来看，竞争优势的研究主要是聚焦于探讨企业内部因素如何塑造竞争优势，包括组织学习、创业导向、创业战略、创业网络等（朱秀梅等，2014；陈彪等，2018；Ferreira 等，2018）。然而，这些研究忽略了变化环境下新企业特征导致的竞争优势塑造。正如研究指出，中国情境下新企业会面临环境变化和资源缺乏双重挑战，传统资源基础观不能清晰解释新企业的成功。一方面，动态能力的提出补充了资源基础观的解释范畴内容，它解释了变化环境下新企业的应对手段（Teece 等，1997；魏江和焦豪，2007；尹苗苗和蔡莉，2010）；另一方面，动态能力的内核是知识（Teece，1994），这一观点的提出为我们研究动态能力提供了思路。鉴于上述原因，本研究认为"知识基础—核心能力—竞争优势"这一逻辑是解释新企业竞争优势的重要视角，然而，已有研究很少关注该问题，结果是竞争优势的产生机理尚不完善，理论缺憾和实践指导性减弱，因此本研究认为构建模型研究新企业竞争优势的产生机理是有必要和有价值的。

2.2.5 组织文化相关研究

知识共享是指员工之间、知识内容之间（隐性和显性）、组织情境下、适宜培养基中和社会环境下的知识交换，并且共同创造新知识的过程（Lee 和 Suliman，2002）。在先前知识共享的研究中，组织文化越来越多地被认为是影响知识流动、传递、应用和新知识创造的重要影响和制约因素（De Long 和 Fahey，2000；金辉等，2013；周国华等，2014）。组织文化是组织中员工共同遵守的规范和价值体系，显示出一个组织的整体特征。组织层面所体现出来的文化氛围和组织结构特征是学者们在探讨知识共享时最为青睐的分析要素，因为这些组织要素对于知识共享的效率和效果影响显著。Bradley（1991）认为，良好的知识转变和文化可以促进企业员工间和合作者之间的知识共享，对于增加企业的竞争优势也是至关重要的。

组织文化是一个多维度的概念，影响知识共享效率和效果的文化维度是合作与信任，组织内合作的研究将增加对知识传递动态性的影响，知识传递需要组织内的群组或者个体有同其他人一起工作或者共享他们相互利益的意愿，除非组织成员及部门间表现出高水平的合作意愿和信任水平，或者是有与其他人分享的倾向，否则知识共享过程难以顺利进行（Jain 等，2015）。Rivera – Vazquez 等（2009）研究指出，知识共享这个过程对于将个体知识转变成组织知识是至关重要的，组织内的合作是一种制度化的过程，并且知识共享发生在这个合作实践中。Ibrahim 和 Heng（2015）针对中小企业情境的研究，发现工作场所的学习文化积极提升企业的知识共享倾向。

关于组织文化维度的划分，较多学者将组织文化细分为个体主义和集体主义两个维度，是区分组织文化的主要特征，并对知识管理工作具有重要的作用。不同文化背景下，组织成员的关注点、目标均存在差异，进而导致组织内知识共享行为的效率和效果存在显著差异。个体主义文化是指在一种松懈的组织情境中，组织成员只关注自己和最亲近的群体，更加关注个人利益；集体主义文化则更加看重组织结构的规范，对团队的其他成员热心帮助（刘婷和刘益，2008）。在具有集体主义文化价值观的企业中，组织成员普遍认为集体目标高于个人目标，以实现集体利益的最大化为前提，在这种文化环境下，组织成员、部门之间更加能够形成深度的合作关系，更加愿意分享知识和信息，这有利于组织内知识共享过程，进而实现企业的快速成长（Burgess，2005）。相反，个体主义文化强的企业中，组织成员将个人目标放在第一位，更加可能会因为怕丢失自身的竞争优势，这就导致组织成员间难以建立信任关系，不利于知识在部门和个体之间流动，难以构建组织能力（于米，2011）。

2.3 本章小结

本章主要针对本论文所涉及的相关基础理论、概念及已有研究进行梳理，包括知识共享、动态能力、新企业竞争优势、组织文化等。通过梳理本研究的基础理论，对已有研究的观点进行总结和归纳，为后续模型的构建提供理论支撑。首

第 2 章 理论基础及文献综述

先,介绍了本研究的主要基础理论,包括资源基础理论、知识基础理论、知识管理理论、动态能力理论等,这部分是支撑本研究的关键理论根基。然后,对新企业的特征进行梳理和分析,这是后续理论假设提出和研究结论分析的重要前提。其次,我们进一步梳理知识共享的内涵、维度划分、影响因素、对组织产出的作用等内容。通过回顾已有研究发现,虽然知识共享的研究已经取得了丰硕的成果,但是新企业知识共享对竞争优势的内在作用机理未得到深入的探讨。再次,我们梳理了动态能力的内涵、维度划分、已有研究概述、新企业动态能力特征等方面的内容,我们发现,动态能力是企业持续发展的重要因素,但是知识共享如何通过动态能力构建而积极影响新企业竞争优势这一问题的研究非常缺乏。又次,我们简单梳理了新企业竞争优势的研究,梳理发现,已有研究主要聚焦于企业内部因素如何塑造竞争优势,忽略了变化环境下新企业特征导致的竞争优势塑造。最后,考虑知识共享过程受到组织内部文化因素的影响,我们还对组织集体主义文化的研究进行了梳理,为模型的构建奠定了基础。

第3章 理论模型构建与案例验证

3.1 核心变量的内涵及维度

3.1.1 知识共享的内涵及维度划分

知识共享是知识管理的核心环节,企业成功的知识管理活动离不开知识共享(Gupta 等,2000)。知识共享的内涵丰富,Wang 和 Noe(2010)的研究将知识共享看作可以为组织提供决策信息和关键技术来解决问题、创新思路以及实施新战略和生产流程的组织活动(Cummings,2004;Pulakos 等,2003)。Kim 和 Lee(2013)认为,知识共享并不是简单地共享知识资源,也不仅局限于个体之间的同层面横向互动,它被整个组织的知识管理系统所支持。也有学者认为知识共享是关键的组织学习活动,隐性和显性知识的相互转化以及有目的性的知识传播能够激发组织创新能力并驱动创造新的知识(Dyer 和 Nobeoka,2000)。

本书借鉴 Hoegl 等(2003)的研究,将知识共享看作涉及企业员工间的经验、信息和技能等知识通过关系网络、组织流程和惯例等途径不断互动的过程。在这一复杂动态的社会交互过程中,企业员工能够不断地评估和调整自身的认知和行为,其也是知识升华的创造性活动,包括对现有知识的拓展和应用,以及对新知识的探索（顾琴轩等，2009）。通过知识共享，企业内部逐渐形成以社会互动为基础的知识交流氛围，企业员工间、知识属性间（隐性和显性）、组织情境下、适宜培养基中和社会环境下实现知识的交换（Lee 和 Suliman，2002）。同时，也可以将其理解为包含法律、道德规范、行为规则和风俗等在内的共享制度中，人们自愿地进行的以知识交换为目的的过程（Helmstadter，2003），最终形成组织上下创建和使用知识网络的一种共识（Hoegl 等，2003），以此获得绩效和竞争优势。

知识共享存在较多的维度划分方式，代表性的观点是根据隐性知识和显性知识两种知识类型（Havens 和 Knapp，1998），将知识共享划分为显性知识共享和隐性知识共享（Lee，2001；Chumg 等，2015；Wang 等，2014）。Zellner（2003）在研究中根据所共享的知识是否为专门性知识，划分为专门性知识共享和非专门性知识共享两个维度。Cho 和 Lee（2004）认为，知识共享包含知识共享的范围（scope）和知识共享的多样性（disversity）；Shan 等（2013）则认为，知识共享应该同时共享质量和共享数量。Zahra 等（2007）在研究中将知识共享的维度明确划分为正式和非正式知识共享。

从知识的显性和隐性属性角度划分知识共享的维度受到较多学者的认可。因为"意会"和"言传"最能体现知识属性的本质，知识共享最根本的途径就是"文本传递"和"互动交流"。因此，本研究借鉴 Lee 和 Suliman（2002）、Wang 等（2014）等学者的研究和观点，将知识共享划分为显性和隐性知识共享，其中显性知识共享是指组织成员之间相互交流和分享易于编码、格式化和存储的知识。该类型知识共享强调的是与他人分享本质上是客观和正式的，且经常以文档、报告、白皮书、目录、演示文档、专利和公式等形式被描述和表达的知识（Nonaka，1991，1994；Nonaka 和 Konno，1998）。相反，隐性知识共享是指组织成员间分享难以编码、保存和传递的非正式知识，往往与特定的历史和社会情境高度相关，包括工作经验、价值观、专有知识等（Nonaka，1991）。该类型的知识共享强调了分享根植于教育过程、价值观或者文化中的，高度依赖于知识载体和特殊情境的、难以描述或不能记录的个性化程度高的知识，如潜在能力、发展的技能、直觉和过程等（Nonaka 和 Konno，1998）。

知识共享（隐性和显性）知识的内在转化以及在组织网络结构中的有序循环和上下螺旋式的流动，意味着实现了知识由组织的一个节点到另外一个节点，可能是横向或纵向的知识交流；既可以是"个体—团队—组织"的向前推进型，也可以是"组织—团队—个体"的向后反哺式，是一项组织学习和知识管理的过程。进而，知识共享有效保障了储存于组织网络各个位置的知识的二次链接、重组、创造、沉淀和升华。

3.1.2 动态能力的内涵及维度划分

关于动态能力的内涵，经典研究，如 Teece 等（1997）将动态能力界定为企业整合、构建和重新配置组织内外部资源和能力以应对外部环境快速变化的能力。Eisenhardt 和 Martin（2000）从具体的组织惯例和战略角度探讨动态能力的内涵，认为其是可识别的常规惯例和流程，体现为获取、整合、重新配置和剥离资源以匹配或创造市场变化的过程，是一系列资源动态组合基础上形成的发展的能力。动态能力可以涵盖资源获取、资源整合、资源重构与资源释放等能力（Eisenhardt 和 Martin，2000）；也可以从企业的微观基础理解为机会识别能力、机会利用能力和资源重构能力（Teece，2007）。国内学者贺小刚等（2006）进一步细化了动态能力的内涵，认为客户价值导向、技术及其支持系统、组织机构支持系统、制度支持机制、更新的动力和战略隔绝机制等能构建出支持企业动态发展的能力。针对现有的研究发现，新企业应该具有涵盖快速应对外部环境不确定性、重新配置和重组资源，以及通过不断学习自我完善并更新的动态能力。

本书主要借鉴 Teece 等（1997），将动态能力看作组织具有的能够在动态环境下重新配置和重组资源/能力，以抓住机会并应对不利环境的能力。根据 Wang 和 Ahmed（2007），以及 Biedenbach 和 Müller（2012）的研究，动态能力应该包含吸收能力、适应能力和创新能力。其中，吸收能力是指企业识别到外部有价值的信息，并通过学习过程吸收并利用这些外部知识的能力（Lane 等，2006；Biedenbach 和 Müller，2012；Martinkenaite 和 Breunig，2016）。适应能力反映了企业柔性战略、重新配置资源和调整自身行为,从而快速与变化环境相匹配的能力是指识别和利用新兴市场中机会的能力(Wang 和 Ahmed,2007;Biedenbach 和 Müller,2012),包括对技术方面、市场方面和组织自身方面产生的机会的利用能力(Tuominen、Rajala 和 Möller,2004)。创新能力是企业完成创新战略的保障(Akman 和 Yilmaz,2008),反映企业开发新产品和新市场的能力,是企业创新行为的表现(Wang 和 Ahmed,2007)。

3.1.3 新企业竞争优势的内涵

与企业绩效不同,竞争优势反映的是组织在同行业中所体现的一种相对优势。这种优势有助于组织获取较高的利润率。较早对这一概念进行深入探讨的是战略管理的著名学者波特,其将竞争优势看作价值创造高于为之付出的成本的态势,体现为差异化优势和成本优势。Grant(1991)把竞争优势看作组织获得远高于竞争对手的利润率(或者获得这一超额利润的潜在能力)并且能加以维持的一种优势。

尽管学者对于竞争优势这一概念内涵尚未形成统一结论,但已有学者都强调了竞争优势是与同行业或者竞争对于相比所具有的某种优势。这是不同学者所关注的具体方面存在差异,如成本优势、市场优势、生产效率优势、顾客满意度优势等。本书结合新企业特征,借鉴了 Wu 等(2009)、朱秀梅等(2011)等学者关于新企业竞争优势的相关研究观点,将其看作与同行业企业相比,组织在生产效率、产品质量、创新速度、市场反应速度、顾客满意率等方面所体现出相对优势的程度。

3.2 理论模型构建

资源基础理论(RBT)强调资源和能力是企业竞争优势的起源,即不同资源、不同程度地分布在各个企业之中,随着时间的推移固化形成企业的资源异质性(Barney,1991)。在信息经济、网络经济和知识经济的共同作用下,组织面临着更为动荡的外部环境,在这种高不确定性和复杂性的竞争环境下,对企业的生存和成长也提出了更高的要求(刘井建,2011)。在这一时代背景下,越来越多的企业越发意识到知识资源是最具有战略价值的资产(De Carolis 和 Deeds,1999)。与组织所拥有的一般性资产不同,知识资源具备了难以模仿性、稀缺性和价值性等特征,被看作帮助组织灵活应对外部变革环境和挑战,并且被认为是持续创造竞争优势和价值的关键驱动力(Nonaka 和 Toyama,2005)。正是知识资源对于企业价值创造的重要意义,从而催生出了知识管理理论。

知识管理理论指出,企业通过对组织知识这一无形资产的获取、共享、整合与利用等一系列管理过程,将知识转化为企业价值,建立持续的竞争优势(Zahra、Nielsen 和 Bogner,1999)。从知识管理理论来看,获取知识资源只是价值创造的开端,如何识别、消化、吸收、利用知识才是关键。其中知识共享被认为是知识管理过程中的核心环节,连接着知识获取、知识整合及利用,甚至将知识共享看作为是成功的知识管理活动的基础(Gupta 等,2000)。知识共享对于新企业而言尤为重要。从新企业特征角度来看,新企业本身的资源不足、产品或服务得不到顾客的认可、应对外部动荡环境的经验匮乏等劣势(蔡莉等,2011;朱秀梅等,2010),使组织需要快速更新知识以解决面临的一系列困境。然而,知识基础理论强调了获取或拥有知识只是前提和基础,新企业先前知识管理相关经验的缺乏,凸显了知识共享的重要性。

知识共享在企业中扮演的角色和发挥的作用得到学者和企业家大量关注。那些在行业环境快速变革的情境下得以成功存活并快速成长的组织,往往不仅具备灵活地获取和更新知识体系的能力,更重要的是具备高效的知识共享机制,能将所获取的知识转化为企业发展所需的相应能力。以前的研究也已经表明,那些在行业中具有竞争优势的领先企业能够有效地进行知识管理,而成功的知识管理活动极其依赖于知识共享(Wang 和 Noe,2010)。Hoopes 和 Postrel(1999)、Ritala 等(2015)、Li(2017)等的研究都指出,作为知识管理的核心环节,知识共享是知识在组织中循环流动和效用升华的驱动系统，能够帮助企业协调、配置内外部现有的知识，探索、创造新的知识。因此，组织内知识共享体现出个体分享信息和专有知识以帮助他人或与他人合作来解决问题、构思新想法的行为（Wang和Raymon，2010），是企业在动态环境下获取竞争优势的重要基础，促进企业在动荡复杂的竞争环境中得以生存和发展。

正如已有研究所说，知识共享涉及组织内部成员将自身拥有的知识、经验、观点或者理解在转化和传播后被其他个体吸收、重组和使用（Ipe，2003）。这里既包括显性知识的共享，也包括隐性知识的共享，并且两者在新企业内部缺一不可、相辅相成，共同构成并积极影响组织的竞争优势。

企业充分发挥资源优势的前提是自身必须具有特殊的能力来更好地利用拥有的资源（Penrose，1959）。直到1990年，高度动荡的商业环境改变了对资源基础观的原有的认识—静态的、忽略市场活力的影响（Eisenhardtand 和 Martin，2000）。动态能力，集成了资源和能力的进化本质，对资源基础观形成了有益的补充（Eisenhardt 和 Martin，2000；Zahra 和 George，2002）。动态能力也被认为是新企业获取竞争优势的重要基础。作为对资源基础理论的补充和深化，动态能力观指出，在动态环境下企业需要具备配置资源以创造价值的动态能力，即企业整合、构建和重新配置组织内外部资源/能力以应对外部环境快速变化的能力（Teece、Pisano 和 Shuen，1997；Eisenhardt 和 Martin，2000），其是组织获取持续竞争优势的核心能力（Winter，2003；Teece、Pisano 和 Shuen，1997）。动态能力通过获取、整合以及重构资源，将其与市场变革相匹配（Eisenhardt 和 Martin，2000）。这与 Teece 等（1997）的研究观点相呼应，即动态能力体现出组织持续重构已有惯例的能力，是动态环境下创造竞争优势的关键。根据动态能力的相关研究成果，这一能力体现为企业的吸收能力、适应能力和创新能力等多个方面（Wang 和 Ahmed，2007；Biedenbach 和 Muller，2012）。特别是对于新企业而言，这些具体的能力是至关重要的，有助于帮助组织开拓获取新资源的路径，逐步塑造竞争优势。

知识是能力的内核。同时，动态能力观对动态能力的形成进行了深入的探索，强调了知识是形成动态能力的前提（Teece、Pisano 和 Shuen，1997）。知识资源作为一种无形资产，难以被模仿和复制，而通过知识管理过程有助于帮助企业更高效地获取和利用组织所需的知识，建立起动态能力这一核心能力，从而获得相对优势以满足顾客需求和获得市场的认可。知识共享强调了对显性知识和隐性知识的传播、吸收，推动组织在激烈的动态竞争环境下建立动态能力加以应对，从而获取竞争优势。因此，知识共享会通过动态能力而对组织的竞争优势产生作用。

对于新企业而言，存在新生性劣势、缺乏知识资源的不足（朱秀梅，2011）。在市场活动中新企业面临新入劣势（Liability of Newness），成长是其对抗生存压力的手段，而新企业的成长过程就体现为动态能力的构建和演化过程（胡望斌，2009）。然而，市场环境的动态变化导致企业内知识共享带来的超额利润迅速被消耗。因此，新企业在知识共享过程中必须注重构建和积累应对外部环境变迁的能力，即动态能力，从而促进新企业持续的业绩增长和竞争优势的提升（Eisenhardt 和 Martin，2000；Teece，2007；董保宝等，2011）。较强的动态能力能够驱动企业不断地整合、重新配置和创造资源和能力，快速回应并满足顾客需求，从而与动荡的市场环境相适应（Teece 等，1997）。此外，企业间日益激烈的竞争，使在稳态环境中形成的静态均衡不断被打破，针对企业的资源基础理论的静态分析应该在延展后与动态能力理论有机结合（胡望斌，2009）。因此，新企业需要结合组织内部的知识共享机制，持续更新自身资源和能力的动态能力，从而在市场竞争中立于不败之地。

鉴于此，本书借鉴"行为—能力—优势"这一经典研究范式，构建"知识基础—核心能力—竞争优势"这一研究逻辑，以及结合新企业特征、知识管理理论、动态能力观等基础理论，构建如图 3.1 所示研究框架，以深入揭示知识共享、动态能力对新企业竞争优势间的作用关系和影响机理，并从动态能力视角来分析知识共享对竞争优势的间接作用，弥补已有理论研究不足。

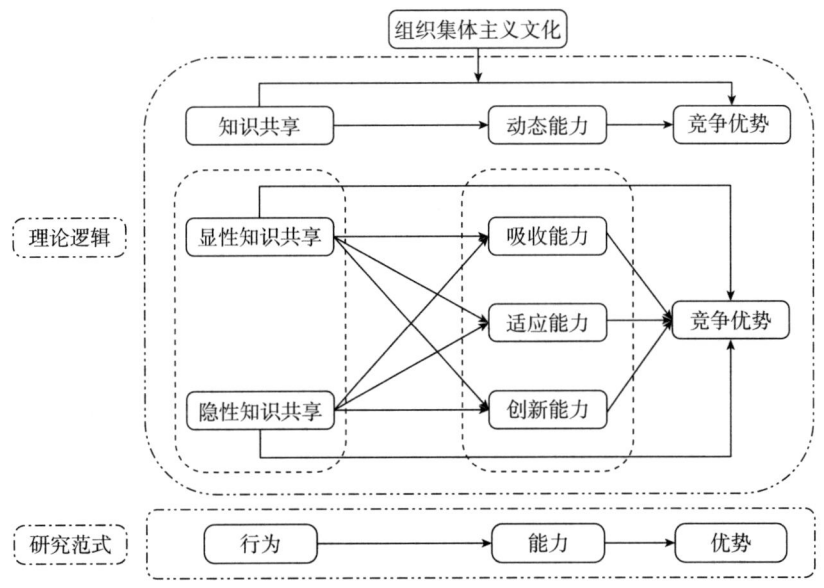

图 3.1 基本理论研究框架

3.3 相关案例

为了验证理论模型的有效性，本部分试图通过六个案例验证上述模型，从实践视角证明本研究的可行性和可靠性。通过对六家企业相关人员（包括创业者、中层管理者和基层员工）的访谈以及相关二手资料的收集，梳理资料来解释理论模型，验证模型可靠性的同时为提出研究假设奠定基础。

3.3.1 研究设计

3.3.1.1 研究方法

作为管理学研究重要方法，案例研究的主要作用是回答"如何"和"怎样"等问题（Eisenhardt，1989）。考虑到本书的研究目的是对理论模型的验证，适用于案例研究。并且，本书选择了多案例研究。究其原因，多案例研究能够进行横向对比和验证，有助于提升研究结论的效度和信度（Yin，1994；陈彪等，2014）。鉴于上述分析，本书选择多案例研究方法对理论模型进行验证。

3.3.1.2 案例选择

在案例选择过程中，本书借鉴了 Eisenhardt（1989）、毛基业和李晓燕（2010）等学者的观点，采取理论抽样的方法选择研究案例，目的是有助于研究中能够聚焦于所研究模型中涉及的构念。案例数量的选择是以 Eisenhardt（1989）的观点为基础，即多案例研究中 4~10 个案例是合适，本书综合考虑研究问题和案例可获得性，最终选择了 6 家企业作为研究对象。

鉴于案例选择是根据理论需要进行的，本书中案例选择主要是基于如下原则。第一，这 6 个案例企业成立时间在 8 年内。成立时间短、规模小等新生性特征使它们对外部环境变换敏感，企业解决创业问题过程中知识共享、动态能力等战略行为凸显；同时，它们运营了一段时间，企业会经历典型事件，有助于我们提炼研究问题。第二，案例所选择的六家企业包含了销售服务、技术服务、研发生产等不同行业类型，为我们研究结论的普适性提供了依据。第三，考虑到本案例验证的模型中涉及变量数量多以及变量间关系复杂，这 6 个案例包含了所研究的不同变量，达到了案例"饱和"的要求，有助于我们对模型进行完整的验证。第四，这 6 个案例企业所属行业竞争激烈，企业创造性要求高，结果是调动员工积极性很关键，组织文化的作用很关键，有助于我们探讨组织文化的作用。具体情况如表 3.1 所示。

表 3.1 案例企业基本情况

企业	成立时间	所属行业	规模	资料收集方式
A	2015 年	实验设备销售	10 人左右	主要是通过与创业者的访谈获取一手资料以及企业宣传册获取的二手资料
B	2015 年	科研设备维修	5 人左右	主要是通过与创业者谈获取一手资料和网站、企业宣传册获取二手资料

续表

企业	成立时间	所属行业	规模	资料收集方式
C	2011年	知识产权服务	47人左右	主要是通过与创业团队成员访谈获取一手资料和企业宣传册获取二手资料
D	2014年	太阳能供热	30人左右	主要是通过与企业工作两年多的技术人员访谈和网站新闻获取二手资料
E	2011年	互联网服务	15人左右	主要是通过与创业者的访谈获取一手资料以及企业宣传册获取的二手资料
F	2013年	APP和游戏开发	25人左右	主要是通过与高层管理者的访谈获取一手资料

资料来源：笔者根据访谈资料整理。

3.3.1.3 数据收集与分析

数据收集过程中利用课题组以及成员与相关企业建立的关系，筛选符合我们研究需求的企业。首先，对筛选企业的基本情况的调查，主要是通过企业网站、新闻信息的收集以及企业宣传册。其次，联系企业相关人员进行访谈，包括创业者、中层管理者以及工作两年以上的老员工（均需要对企业发展历程比较了解）。访谈是以研究者本人主持，因为它对研究问题具有深刻的理解，团队成员协助整理访谈材料。当然，访谈过程中会对被访者介绍本次研究的目的适用于科学探索，相关信息会给予保密以及研究问题，以避免访谈内容与研究主题出现大偏差。最后，利用电话以及邮件等通信工具，在案例整理过程中与相关人员保持沟通。

为了提升研究结论的信效度，多信息来源的数据收集是必要的（Eisenhardt，1989；陈彪等，2014）。研究过程中我们注重利用不同的渠道获取相关数据。第一，访谈数据。通过与企业创业者、相关管理人员以及员工的面对面交流，获取企业相关信息。特别是因为知识共享、动态能力、组织文化这些变量很难用客观数据描述，面对面的访谈是我们获取相关数据的主要渠道。第二，企业的网站、纸质宣传手册、相关新闻报道等是第二种数据来源，这些数据因为是事先存在的，更具客观性，可以对访谈资料中的部分内容的真实性进行验证，或者补充访谈中遗漏的部分内容。第三，案例整理过程中与相关人员通过电话、邮件等沟通,以确认访谈数据的准确性,避免重要信息的理解出现误差或者被遗漏。通过访谈资料与二手资料的整合,是解决主观性回答带来偏差的重要手段。

3.3.1.4 数据分析

多案例研究中数据分析一般是案例本身的分析以及案例间的比较分析,正如孙海法、刘运国和方琳(2004)研究中指出,单个案例的独立分析后,多案例进行比较分析是准确描述研究模型,提升研究有效性的重要方式。因此,本书的案例分析中,首先对每个案例进行单独分析。这种单案例的描述分析是形成观点的基础(Gersick,1988),因为它们通过对关键事件的描述有助于我们提炼相关变量以及变量间的作用关系。然后,在单案例分析基础上,本书对六个案例进行横向比较研究。这种比较一方面有利于避免单一案例分析可能出现的误差结论,另一方面可以将整个模型涉及的不同变量以及变量间关系全部考虑,从而使研究更加全面和可靠。

3.3.2 案例企业介绍

本部分的主要目的是整合访谈内容和二手数据(如企业宣传册以及网上报道信息等)的内容,介绍研究对象的基本情况。主要是以研究需要为基础,对创业过程中体现出知识共享、动态能力以及组织文化等现象进行整理,为理论构建部分提供信息源。

A企业:成立于2015年,主营业务是实验室配套设施设备的零售与批发,2013年开始准备创业,2015年注册公司正式开始创业,企业逐渐度过生存期并开始成长。企业发展过程中同大多数新企业相似,面临"招人难"的困境,尤其是专业人才稀缺是企业发展中有待解决的问题。为了提升企业竞争力,企业运营过程中每周六组织培训,针对员工对该行业市场和产品方面的技能培训,同时,对销售人员的衣着打扮也会专门培训,从而提升企业员工的业务素养。并且,为了激励员工的工作热情和提升培训效果,隔一周会进行聚餐,聚餐标准是根据培训效果制定。针对核心员工,给予物质奖励的基础上,注重精神奖励,如给予提升的承诺。对于新入职员工,企业会发放纸质材料(关于企业产品、员工

第 3 章　理论模型构建与案例验证

工作守则），并组织统一时间集体学习；同时，充分发挥老员工的主动性，带领新员工参与企业的产品和市场活动，让新员工快速融入企业。企业的积极行动帮助新员工快速适应企业和进入角色，根据市场变化快速提出应对策略，并且可以灵活地解决问题。

整体来说，A 企业作为销售服务业，注重员工市场相关能力的培养和提升，通过企业内不同形式的交流活动提升员工的素养，使它们能快速适应工作，并且在工作中根据需要调整自己的行为。正是企业整体能力的提升，A 企业近年来在行业中处于稳步提升的地位，市场占有量以及认可度得到不断提升。

B 企业：成立于 2015 年，主营业务是科研设备的维修和保养，现有员工人数为 5 人。创业者创业前从事网络行业的工作，通过与朋友的交往中发现海南科研设备维修市场处于空白阶段，是一个好的创业机会。为了解决初期人才缺乏问题，从个体户中挖掘人才，典型的手段就是成立企业初期找老师傅加入团队，负责早期的技术工作。科研设备维修行业面临的重要挑战就是设备仪器种类多，行业需求变化快，专业人才极其稀缺。为了解决这一问题，企业在运营中会利用老员工带新员工，技术强带技术弱的员工的模式；并且，考虑到不同员工专业技能的差异，每周组织员工间做 PPT 分享技能，提升整个企业的专业技能；因为行业会面临新的设备维修问题，企业会不定时根据需要请专业公司来培训新产品，或者去专业公司去学习新产品，从而提升企业的相关技能，适应时代需求。

整体来说，B 企业作为技术型服务业，企业技术相关能力的培养尤为关键。B 企业注重"老带新""课后培训"等培训体系和发展体系，以此提升企业整体能力，使它们既能应对市场对企业技术的要求，同时使企业能够及时掌握市场新需求和适应新需求，它们在激烈的市场竞争中占有一席之地。

C 企业：成立于 2011 年，主营业务是帮助其他企业解决知识产权问题，现有员工人数为 47 人。创业者创业前是从事汽车行业工作，通过与朋友交流和自己对市场的观察发现海南省企业主要是从事服务和商贸行业，科技型企业较少，技术专利申请少。随着政府对商标的重视和积极推动商标发展战略，海南省商标申请数量急剧上升，为提供该服务提供了良好的创业机会，典型的数据是 2005

· 59 ·

年一年商标申请为2000~3000项，到2015年达到了15000项。创业过程中，新员工是由创业者和主管领导带领学习和教育，掌握本行业的基本技能，并且会对公司文化进行专门的培训；企业注重员工的集体培训，包括企业内部技能培训（每周两次）、政府组织的培训以及外出学习，了解行业最新发展趋势，从而可以适应适应外部的需求；面对技术难题，企业会在业务平台进行分析，整合不同部门的专业知识以满足客户需求。企业发展过程中，C企业注重吸收员工的意见，不同层级的员工均有机会与创业者沟通交流，提出自己的观点。C企业近年来发展迅速，发展为海南省该行业的"领头羊"。

整体来说，C企业作为服务型行业，且是针对知识产权的服务型行业，要求它对市场不同行业技术特点和技术需求均要掌握相关知识，且需要及时应对不同企业的需求。C企业注重员工提供培训以及外出学习机会，使员工对行业发展动态保持动态了解，企业能够满足不同客户需求。

D企业：成立于2014年，主营业务是利用太阳能解决小区集中供热问题，现有员工人数为30人。作为典型的"80后"创业者，创业过程中创业者积极主动与高管团队和基层员工接触，集思广益解决企业问题。创业者创业前接触到光伏产业，考虑到海南阳光充足，可以利用其解决小区集中供热问题。恰好海南省政府要求小区集中供热，创业者抓住机遇开始创业征程。创业过程中D企业十分注重会议，每周进行一次全体员工会议和核心团队会议，通过开会来讨论企业运营中的问题以及企业技术可行性和市场适用性。企业会鼓励研发部门和销售部门间的合作，市场部门提出需求，研发部门进行产品创新，市场部门对研发部门的产品进行市场验证，从而实现产品和市场间的匹配。当然，为了实现企业内不同部门间的协作，会采取不同的激励制度，如针对整个企业的财务激励和针对核心团队的股权激励。D企业积极引导全员参与问题解决，引导不同部门间的合作，通过研讨能够快速解决技术难题和市场问题，从而在供热这个激烈的市场中获得一席之地。

整体来说，D企业需要兼顾产品研发和市场的推广，对企业各方面能力有较高要求。企业运营过程中，注重利用集体会议的机会来讨论技术和市场问题，并且充分发挥不同部门知识异质性特点，通过集体学习和讨论是不同部门的员工相互学习，以了解其他部门的任务，如市场部帮助技术部了解最新市场需求，技术部使市场部知道最新产品特点。不同的学习方式使企业灵活应对市场需求，且在某些方面引导市场需求。

E 企业：成立于 2011 年，主营业务是网站建设、网络整合营销、大数据分析、移动互联网通信技术、云计算、电商等技术为核心的高新科技服务型公司，现有员工 15 人左右。创业者工作中意识到随着网络发展，互联网相关方面具有广泛的前景，进入该领域创业。作为研发企业和现代企业，E 企业面临激烈的市场竞争和科技问题，发展过程中困难重重。在这种背景下，E 企业高度重视企业内部的交流，要求员工写工作总结，对工作中存在的问题和发现的新观点进行整理，并在内部相互学习总结的观点。同时，作为研发类型的企业，企业内员工主要聚焦于科研，为了解决市场问题，确保提供的服务更好匹配市场需求，E 企业积极引进销售人才，并且设定激励机制，引导销售人员和研发人员间的交流与合作，使企业能够符合市场需求和时代发展，在互联网这个激烈竞争的市场中分得一杯羹。正是高度注重企业内部的知识共享，E 企业产品的市场认可度不断提升，销售效果良好。

从整体来说，E 企业属于新兴高技术行业，面临激烈的市场竞争。它需要注重从外部吸收最新的技术知识，同时内部需要不断创新以形成与竞争对手的差异化，因此不同层次和不同形式的学习尤为重要。E 企业充分认识到这一点，采取不同形式的知识共享，以提升企业应对激烈竞争环境的动态能力。

F 企业：成立于 2013 年，现有员工 25 人，主营业务是 APP 技术研发、游戏研发与发行等。创业者是大学本科学历，创业前从事移动终端技术相关工作。互联网技术的快速发展，APP、游戏行业迎来了发展良机的同时面临的市场和技术挑战越发严峻。创业者计算机出身，能够帮助企业解决技术需求，然而，市场的快速变化以及技术的发展，导致企业发展进入窘境。为了解决技术和市场问题，F 企业以创业者为核心，积极引导整个企业员工的合作和探讨，形成新颖的想法和提供创新的服务，从而逐渐改善现状。具体做法如下：一方面，由企业老员工和行业经验丰富的员工组织培训和讨论，了解市场需求和创新服务模式；另一方面，派员工外出学习，回来后与大家分享经验。并且，为了提升员工间分享的积极性和主动性，会设定一定的活动经费，在活动中根据需求自由支配员。F企业积极主动营造良好的内部交流平台，能够满足和适应环境需求，逐渐改善了市场地位。

从整体来说，F企业属于新兴高技术行业，面临的严峻竞争环境使它们需要不断学习，以提升企业的能力。F企业充分认识到这一点，创业过程中充分利用内部经验分享和外部培训学习来提升企业能力，使企业能够应对市场变化，探索新产品，从而在激烈的市场中获取竞争优势，避免企业被淘汰。

总体而言，上述企业在运营中的共同点是通过有效的知识共享行为解决了企业困境，提升了企业各种能力，从而能够适应环境的变化和形成竞争力。

3.3.3 案例分析和模型验证

本部分将以上述企业基本情况介绍为基础，对企业创业过程中体现出的知识共享、动态能力、组织文化以及竞争优势等典型现象予以提炼，作为验证本研究中概念以及概念间关系的基础。分析过程中，以3.1部分的核心变量内涵界定以及后文变量的测量指标体系为基础对研究问题进行提炼，最终形成表3.2。在表3.2的基础上，本书将会结合前文理论模型构建的观点，利用实践数据进行验证，使各变量间关系得到实践支持。

表3.2 案例企业知识共享、动态能力、组织文化和竞争优势等变量典型表现描述

企业	案例中变量特征的代表性描述				
	知识共享	动态能力	组织文化	竞争优势	理论提炼
A	企业内部分享纸质材料，学习企业文化；老员工带领新员工，为他们答疑解惑；统一培训员工市场和产品技能	根据市场需求状态灵活调整销售策略；企业员工能够快速了解市场需求和掌握新知识	作为销售型企业，关注每位员工的成长和福利待遇，给予每位员工充分的自主性	整体来说，我们产品销售范围不断扩展，获得越来越多客户的认可	通过显性和隐性的知识共享行为，提升企业整体创新能力和适应能力

续表

企业	案例中变量特征的代表性描述				
	知识共享	动态能力	组织文化	竞争优势	理论提炼
B	企业采取老带新、强带弱,以及内部经验分享和外出学习等方式提升整体能力	企业对于市场出现的新产品能快速接受,且员工能快速吸收新产品知识	员工具备独立解决问题的能力和权利,且尊重员工的想法和创新	企业的服务受到越来越多客户认可,甚至出现老客户推荐新客户现象	通过显性和隐性的知识共享行为,提升企业适应能力和吸收能力
C	企业注重员工的集体培训,包括企业内部技能培训(每周两次)、政府组织的培训以及外出学习	知识产权问题多、情况复杂,企业能够适应适应外部环境,满足客户需求	注重吸收员工意见,不同层级员工均有机会与老板沟通交流	能够满足不同客户需求,提供针对性服务	通过显性和隐性的知识共享行为,提升企业适应能力
D	企业每周进行一次全体员工会议和核心团队会议,讨论企业运营问题、技术可行性和市场适用性	企业能根据地方特点提供针对性产品	引导不同员工参与企业决策,且注重部门间员工的合作	企业开发了更适合于地区需求的产品	通过显性和隐性的知识共享行为,使企业创新能力和适应能力得到提升
E	企业注重员工的工作总结,且要求市场和技术部门相互配合,分享经企业验	针对市场需求,企业可以提供差异性产品,且能从外部吸收新知识和快速应对市场变化	员工能够自由表达观点,且观点如果被吸纳会得到企业的奖励	企业可以不断开发出新产品	通过显性和隐性的知识共享行为,提升了企业的适应能力、吸收能力和创新能力
F	企业鼓励老员工和经验丰富员工内部培训,并组织员工外出学习	企业根据游戏市场需求变化,可以快速适应,根据竞争对手的产品,开发差异性更大的产品	积极主动营造良好的内部交流平台	企业产品认可度不断上升,市场占有率逐年提升	通过显性和隐性的知识共享行为,提升了企业的适应能力、吸收能力和创新能力

资料来源:笔者根据访谈资料整理。

3.3.3.1 基于案例的核心概念描述

(1)案例企业知识共享行为。环境变化的不确定性以及竞争激烈程度的上升,使新企业的生存和成长面临越发严峻的挑战(刘井建,2011)。知识作为核心资源，它是新企业应对挑战的关键。然而，新企业因为成立时间短和规模小等新入劣势（陈彪，2017），结果是知识资源缺乏，包括行业知识、产品知识、管理知识等知识资源。知识共享能发挥和利用组织已有的存储于个体中的知识以及能获取的外部知识，被认为是新企业实现竞争优势的关键手段。正如Dyer和Nobeoka（2000）研究指出，知识共享是关键的组织学习活动，注重隐性和显性知识的相互转化以及针对性的知识传播，从而激发组织创新能力并驱动创造新的知识。本研究通过对六个案例分析发现，知识共享在企业创业过程中发挥了不可替代的作用，且验证了借鉴Lee和Suliman（2002）、Wang等（2014）的观点，新企业知识共享可以从显性和隐性知识共享两方面理解。

显性知识共享强调了组织内成员间通过相互交流的方式，分享易于编码、格式化和存储的知识。并且，这些知识更多是以文档、报告、白皮书、目录、演示文档、专利和公式等形式被描述（Nonaka，1991，1994；Nonaka和Konno，1998）。案例中六个企业均体现出了显性知识共享的行为，它们会培训员工企业所处市场情况、产品开发技术发展现状等方面的知识，如A企业会发放纸质材料（关于企业产品、员工工作守则），并组织大家集体学习。当然，每个企业显性知识共享行为并不完全相同，它们根据企业现状和行业特点采取了不同形式的显性知识共享行为，如B企业采取PPT汇报的形式，介绍当前企业业务相关产品的特点以及维修应该的注意事项。总之，上述案例说明了显性知识共享行为特点是企业利用可描述的文档形式分享知识。

隐性知识共享强调了组织内成员间分享难以编码、保存和传递的非正式知识，往往与特定的历史和社会情境高度相关，包括工作经验、价值观、专有知识等（Nonaka，1991）。并且，这些知识根植于教育过程、价值观或者文化中的、高度依赖于知识载体和特殊情境的、难以描述或不能记录的个性化程度高的知识，如潜在能力、发展的技能、直觉和过程等（Nonaka和Konno，1998）。案例中均体现了隐性知识共享，且企业间行为存在共性：老带新、熟练员工带新手、经验分享（包括同一部门和不同部门间以及成功和失败经验）等。与显性知识共享不同，隐性知识共享更体现出个体是知识的载体，且受组织文化的影响更显著,因为涉及愿不愿意分享,是否真心分享等问题。总之,上述案例说明了隐性知识分享的知识是以个体为载体,且在企业生存和成长中发挥了更加重要的作用。

上述案例说明了显性和隐性知识共享是新企业创业过程中典型的知识共享行为,它们以不同的方式在企业生存和成长过程中发挥作用。但是,本质的差异使它们在创业过程中发挥的作用是存在不同的。

(2)案例企业动态能力。动态能力是企业满足不断变化市场需求和应对竞争者挑战的能力基础(Zahra 和 George,2002)。新企业面对复杂和不确定环境,构建动态能力是它们获取竞争优势的重要保障。正如 Teece 等(1997)的经典观点,动态能力是企业在动态环境下重新配置和重组资源,抓住机会和应对不利环境的能力。它是对传统资源基础观的有效补充,是解释变化环境下资源缺乏的新企业形成竞争优势的重要思路。上述六个案例验证了动态能力对于新企业生存和成长的重要性,虽然在不同案例中体现的动态能力不同,但是整体来看,案例验证了 Wang 和 Ahmed(2007)、Biedenbach 和 Müller(2012)等学者的观点,主要包含三部分内容:适应能力、吸收能力和创新能力。

吸收能力是指企业识别到外部有价值的信息,并通过学习过程吸收并利用这些外部知识的能力(Lane 等,2006;Biedenbach 和 Müller,2012;Martinkenaite 和 Breunig,2016)。新企业因为新入劣势的存在,面对市场和技术变化带来挑战中依靠自身资源禀赋可能是不够的,需要吸收外部知识。案例 B、E、F 体现出吸收能力的特点。究其原因,这三个企业面临的竞争环境不确定性更强,企业关注的产品变化更快,因此吸收能力对于它们而言更加凸显。B 企业处于设备维修行业,它要求员工拥有较强的知识深度和广度,从而可以针对不同产品出现的问题及时修整。当然,E、F 企业更加明显,它们处于互联网行业,客户需求变化更快,企业更加需要从外部获取新知识以增强竞争力。案例说明了吸收能力是新企业吸收外部新知识以及运用新知识的关键,有利于它们获取竞争优势。

适应能力是指识别和利用新兴市场中机会的能力(Wang 和 Ahmed,2007;Biedenbach 和 Müller,2012),主要包括技术方面、市场方面和组织自身方面产生的机会（Tuominen、Rajala 和 Möller，2004）。适应能力反映了企业的柔性战略以及重新配置资源和调整自身行为，从而快速与变化环境相匹配的能力（Zhou 和 Li，2010）。案例中六个企业均体现出适应能力，究其原因，这六个企业是新企业，且行业竞争较激烈，意味着它们需要根据市场需求变化灵活应对，否则将会被市场淘汰，如 A 企业属于零售和批发行业，它们需要根据客户需求和产品特点，调整运货方式以及与客户的结算方式，以满足不同客户的需求。B 企业也是类似的情形，作为设备维护类企业，它们需要根据市场上主流产品的变化及时调整行为，以适应不同产品的维护需求。上述案例说明了适应能力是企业面对市场需求、政策变化以及技术变化导致的变化积极应对的能力，是获取竞争优势的关键能力之一。

创新能力是指企业开发新产品和新市场的能力，是企业创新行为的表现（Wang 和 Ahmed，2007）。创新能力是企业根据外部环境的变化进行变革以维持生产和实现成长的能力，是企业完成创新战略的保障（Akman 和 Yilmaz，2008），它有利于企业运营管理、商业模式、产品开发等与竞争对手形成差异化。案例 A、D、E、F 均体现出了企业的创新能力。这些企业认识到创新的重要性，并且愿意进行新产品/服务的开发。A 企业访谈者谈到，我们愿意不断探索新的送货方式和结算方式，以更好地服务于客户；D 企业创业者也有类似观点，它们会根据不同小区特点改造小区供热管道和供热方式，最大化提高供热效率和节约能源，得到客户的认可；E、F 企业作为互联网行业，且业务群体的需求变化更快，它们需要形成与竞争对手差异化的产品/服务才能在激烈的市场竞争中生存，实现成长目标。

上述案例验证了新企业创业过程中动态能力的重要性，以及动态能力主要包含的三部分内容。当然，分析案例也发现并不是每个企业都是这三种能力发挥作用，根据企业特点和行业特点，起主导作用的动态能力是不同的。

（3）案例企业组织文化。组织文化是服务于组织目标，通过向组织中各个成员传递组织的理念，以此影响组织成员的行为，遵守按照组织目标展开行动的承诺（Schwandt，2000）。作为企业行为和价值观的体现，组织文化在新企业中是否存在，是否发挥影响作用呢？本研究通过案例研究发现，新企业虽然处于组织文化的塑造阶段，但是由于规模小，以创业者为核心的高管团队的行为方式体现了组织文化的雏形，它对企业行为产生了重要的影响。从上述案例分析我们发现，新企业创业过程中组织文化对企业行为的影响均存在。一方面，创业者鼓励不同层级员工对企业中存在的问题积极发表意见，甚至在重要决策过程中会听取一线员工的意见；另一方面，企业充分尊重每位员工的自主权，根据他们的贡献大小给予相应的鼓励。究其原因，案例中的六个企业均属于新企业，有利于企业发展的集体主义文化处于塑造期，以创业者/高管团队为核心的治理机制是一种以人为基础的变动性文化，受主客观方面的影响，结果是组织文化会表现出不同的特征。这正是体现出新企业的灵活性，根据企业发展需求针对性利用不同引导方式。当然，这是新企业的特殊性，正如 B 企业创业者访谈中提到：我们的企业处于成长期，组织文化，如价值观正在形成，当前主要是以创业者和高管团队的个人价值判断为基础影响员工的行为。他相信，随着企业不断发展和组织架构的完善，特定的组织文化会产生。

（4）案例企业竞争优势。竞争优势反映了企业参与市场活动中的一些行为高于竞争对手的特质，包括提供针对性服务、市场开拓/新产品开发以及产品附加值等方面（Walter 等，2006）。本研究中主要是根据访谈对象主观判断评价企业的竞争优势。当然，为了降低访谈对象评价企业竞争优势的主观性，会强调本次研究目的是纯粹的学术研究且对企业名称保密，从而使他们更加客观地对企业竞争优势进行评价。对六个案例企业分析发现，A、B、F 三家企业竞争优势主要体现在市场开拓方面，它们市场占有率逐渐增加；C 和 D 企业竞争优势体现为根据不同客户需求，提供针对性服务；E 企业竞争优势体现为新产品开发速度。六家企业创业过程中主要是形成了竞争优势中的某一构成要素，但从整体来看它们揭示了新企业竞争优势的主要构成。

3.3.3.2 基于案例的理论模型验证

新企业存在资源缺乏的"新入劣势"（Cai 等，2017），结果是传统资源观不能准确解释它们在变化环境中获取竞争优势的原理。动态能力是资源基础观的有效补充，它是企业应对变化环境的有效手段（Teece 等，1997；魏江和焦豪，2007；尹苗苗和蔡莉，2010），因此研究面临环境变化和资源稀缺挑战的新企业相关问题，动态能力为我们提供了重要的思路。同时，新企业动态能力如何发挥作用呢？本研究从"知识基础—核心能力—竞争优势"这一研究逻辑出发，将知识共享引入研究体系，揭示动态能力在新企业中如何形成以及如何发挥作用。究其原因，知识共享是企业将个体知识内化成组织知识，从而将"知识能力化"的行为。正如动态能力代表性学者 Teece（1994，1997）在研究中指出，知识是能力的内核，是提升能力的重要准备。鉴于此，本研究构建了基础理论模型，探讨知识共享、动态能力与竞争优势的关系。

借鉴上述核心概念验证部分的分析可以发现：第一，新企业创业过程中会表现出隐性和显性知识共享行为，且在每个企业知识共享过程中都会体现出来。第二，新企业创业过程中动态能力是它们应对变化竞争环境的关键，但是不同企业由于行业差异性，往往表现出动态能力的不同构成维度，但是整体来说验证了动态能力包括适应能力、吸收能力和创新能力三部分。第三，由于知识共享行为，特别是隐性知识共享行为是一种承载与个体，甚至是个体经验积累的知识共享行为，往往会受到企业制度的影响，以创业者/高管团队为核心的引导行为是组织文化的雏形，且基于新企业特殊性，组织文化是一种包含了集权和放权的混合型文化。当然，实证部分考虑到问卷收集和数据分析局限性，我们会将组织文化区分为组织集体主义和个体主义，各企业文化类型是以起主导作用的文化进行分析。第四，案例企业因为注重知识共享和动态能力的培养，它们均在某一方面形成了竞争优势。

基于上述案例分析发现，A、B、C、D 企业均是通过隐性和显性知识共享行为提升了某一方面的动态能力；E 和 F 企业是通过隐性和显性知识共享行为，提升了适应能力、吸收能力和创新能力。主要分析如下：A 企业创业过程中，积极探索新的销售方式和内部激励方式是它们在同行业认可度不断上升，客户群体不断扩大的关键。当然，由于销售技能是一种难以编码、保存和传递的非正式知识，因此这种知识的共享是依赖于"老带新"的模式，从而提升企业创新能力。

当然,企业注重培养员工对于企业管理学体系的学习,使他们面对各种情形时能够灵活应对。总之,A 企业通过隐性和显性知识共享行为,提升了创新能力和适应能力。B 企业知识共享行为与 A 企业相似,但是发挥主要作用的动态能力存在差异。由于 B 企业是提供科研设备的维修服务,它们需要适应市场中不同科研设备的维修要求,并且,出现新的科研设备时能够快速掌握这些设备特点。鉴于此,B 企业通过隐性和显性知识共享行为,提升了适应能力和吸收能力。C 企业属于知识产权服务型行业,由于中国知识产权重要性不断提升,企业间基于知识产权竞争日趋激烈,结果是提供相应服务的企业需要根据企业需求不断调整运作形式。因此,C 企业通过隐性和显性知识共享行为,提升了适应能力。D 企业与 A 企业类似。

E 和 F 企业属于互联网相关行业,相对于上述四个企业,它们面临的竞争环境更加激烈,企业需要具备更强的动态能力,以实现竞争优势。正如案例中体现出来的,由于互联网行业竞争激烈,客户需求变化快,E 企业需要灵活应对市场需求,它需要使员工具备应对市场变化的能力;由于竞争对手多,其产品更新快,E 企业需要积极从外部学习新知识、新技术以更新自己的知识库,从而使它更具竞争力;同时,互联网行业产品快速更新要求 E 企业及时提供于竞争对手相异的产品,形成差异化优势。鉴于此,E 企业通过隐性和显性知识共享行为,不断提升和培养上述三种类型动态能力,从而实现了竞争优势。F 企业与 E 企业相似。

当然,案例企业创业过程中,组织文化的影响是存在的,它们影响了知识共享行为的效果。正如 A 企业创业者提到,塑造了组织集体主义文化,结果是有益于形成共同的愿景,增强了员工知识共享的意愿,特别是以个体为载体的隐性知识共享行为的发生;塑造的个体主义文化,由于更关注员工个人贡献,结果是对知识共享行为产生一定阻碍,尤其是隐性知识共享。另外五个企业中组织文化发挥的作用相似。

通过上述案例分析,本研究认为前面的理论模型得到了验证。当然,受限于案例资料的有限性,本部分是对理论模型的简单验证,提升我们理论模型的实践价值。在后续研究中将会利用前期理论基础和大样本调研数据，进一步深入本研究的理论模型，以提升本研究的理论价值和实践普适性。

3.4 本章小结

本章首先以现有研究理论为基础，界定了相关变量的概念，在概念界定的基础上构建了本研究的理论模型；其次，利用多案例的研究的方法，以理论抽样的方式选择了六家企业作为研究对象，根据案例自身分析和案例间比较分析的方法，验证了研究模型中各概念以及概念间的内在关系。研究目的是为后续假设提出和大样本数据分析奠定基础。

第4章 研究假设的提出

4.1 知识共享与新企业竞争优势的关系

知识管理理论已经明确地指出,知识是企业最有价值的资产,如何实现对知识的有效管理是组织生存和发展的关键所在。在动态的竞争环境背景下,企业的价值创造依赖于其不断吸收和利用知识的能力,组织需要持续地从外部环境获得新的知识并通过知识共享等内化过程来帮助其识别机会和整合资源(Patel 和 Fiet,2011)。其中知识共享是企业高效创造、传递和沉淀知识的有效手段,也是成为新企业适应竞争环境、提升学习能力、开发新的产品或服务获取竞争优势的关键(Eavesl 等,2018)。

已有较多学者都关注了知识共享对组织竞争优势的作用。例如 Wang 等(2014)的研究认为,企业的知识共享可以积极影响企业绩效和竞争优势,其原因是知识共享可以帮助企业保留有价值的传统、学习新的技术、解决营运问题、创造核心竞争力、启动新的业务等(Hsu,2008)。Yang(2010)研究以酒店行业为研究样本,认为知识共享有助于企业适应市场需求、满足客户偏好、避免重蹈覆辙、降低运营成本。Iyamah 和 Ohiorenoya(2015)检验了尼日利亚的石油和天然气行业中的知识共享,发现知识共享能提高营销水平、更好的供应商支持和降低成本,从而对企业产生积极作用。

知识共享被认为是组织内促使知识升华和创造的重要机制。这种机制将带来知识在组织内部的有规律性地流动,涵盖了组织内员工、团队,甚至是整个部门间借助各种机会或渠道,将知识转移或者传播到另一个相应主体的过程(Lee,2001;McAdam 等,2012)。这一过程强调了知识的内在转化以及知识在组织网络结构中的有序循环和上下螺旋式的流动,意味着实现知识由组织的一个节点到另一个节点,逐步建立起横向或纵向的知识交流机制(Kim 和 Lee,2013),进而提升组织的创造性。例如,Aulawi 等(2009)通过对印度尼西亚电信公司 125 名员工的调查发现,企业内积极的知识共享给个体提供了更加广泛的创造新想法和开发新业务的机会,从而极大地提升了员工的创新能力。

根据已有研究的总结来看,知识共享对新企业竞争优势的影响可以体现为三个方面。首先,知识共享深化了组织学习过程。企业是一个复杂的知识系统,新企业在面临复杂多变的外部环境的背景下,需要持续地更新已有的知识体系。其中知识共享涉及知识在组织内部的流动和传播,是组织学习的重要路径,能够帮助企业积累强大的知识库、构建完整的知识链条。知识共享既可以是"个体—团队—组织"的向前推进型,也可以是"组织—团队—个体"的向后反哺式,都涉及系统的组织学习过程,进而保障了储存于组织网络各个位置的知识的二次链接、重组、创造、沉淀和升华。此外,在知识管理过程中,知识共享能有效使知识在企业内实现新的组合和匹配,使分散个体知识凝聚在一起形成企业的集体智慧。这些都是新企业形成战略资源和核心能力的基础,为新企业创造及维持竞争优势提供强有力的支撑。

其次,新企业内部的知识共享有助于帮助组织建立畅通的沟通渠道和彼此信任的工作团队。这对于新企业而言是极为重要的,因为处于早期发展阶段的新组织需要频繁地根据外部市场和顾客需求、技术变化等做快速的反应和内部调整。这在客观上要求新企业内部各部门员工间有畅通的沟通机制和知识交流体系。同时,新企业刚创建不久,人员不稳并且缺少信任,这又为沟通带来障碍。知识共享能帮助建立信任并有效降低知识资产丧失的风险，帮助新企业突破创业期困境，在未来运营中赢得效益。员工间的知识共享可以使个体彼此间的联系更加紧密，产生信任并建立起互惠原则，不仅仅有益于个体获得新的知识和技能以提升个体工作绩效（Akraml 和 Bokhari，2011），更重要的是帮助组织快速应对外部变革并建立竞争优势。

最后，知识共享能积极提升新企业的创造性。例如 Dong 等（2017）的研究提出，组织内部团队的知识共享是提高组织员工创造力的关键措施。另外，Krizman（2009）、Majchrzak 等（2004）的研究都发现，知识共享对于团队整体的创造力产生积极的推动作用。有效的知识共享机制将推动组织内部信息和知识的流动，提供员工的工作绩效并进一步激发员工的创新激情。

新企业具有新生劣势，因而要最大化利用企业中有限的知识资产。这也分维度来看，组织内知识共享划分为两个重要的方面，即显性知识共享和隐性知识共享。知识共享的目的是帮助企业捕获到经验和知识，并把它们运用到组织需要的地方来获得最大的收益（Radwan 等，2012）。根据知识的显性和隐性特征，相对应其共享的方式和对新企业的影响存在较大的差异性。对于新企业而言，在知识共享的过程中需要合理利用好显性知识和隐性知识的重要前提便是挖掘和深入分析这两类知识的共享机制及其价值。

4.1.1　显性知识共享与新企业竞争优势的关系

新企业为了弥补有限知识资产的新生劣势，就必须构建最有效的知识管理机制。这也意味着新企业需要具备多样化的知识体系，从知识的类型、广度、深度等方面均需兼备，才能有效地应对外部环境的不确定性。那些容易被编码、凝练和传播的显性知识，如考核制度、质量标准、基础财务知识、企业标准化生产流程、技术参数等基础性知识，是缺乏经验的新企业迫切需要完善和使用才能保障组织生产运营的重要基础。对这些显性知识共享能够直接有效增加企业对可编码的知识与技能的吸收和接受程度。国外学者 Van Den Hooff 和 De Ridder（2004）二者的研究也指出，显性知识共享显著影响员工的价值、组织活动参与度和管理规范，对企业获得卓越的组织绩效和竞争优势是至关重要的。

因此，通过总结不难发现，显性知识共享有助于新企业快速积累关于组织规范化、制度安排以及与支撑生产运作方面积极相关的知识类型。在这些显性知识共享的过程中，通过员工和部门间的一系列讨论、反馈和整合后，更加容易被企业和员工所学习和掌握，也能增强企业和员工深化对自身所拥有知识的理解，同时激发对新知识的探索欲望。这种行为拓展了现有知识的宽度、深度和数量，完善了企业和员工的知识结构和体系，有效地提升了企业的学习效率和绩效（Spender 和 Marr，2006；Wang 等，2014）。综合来看，显性知识共享的优势体现为对组织学习效率的提升和强化对知识的应用，帮助新企业快速启动生产流程，进行市场营销和顾客服务，解决那些需要经常面对的困难。同时还能够极大地提高组织处理日常事务的技能，对于同类型问题的解决，特别地，通过显性知识共享过程，各部门员工相互模仿和学习，提升新知识的更新和传播速度，促进新企业快速地应对内外部变革，降低试错成本，从而在行业中获得相对竞争优势。基于此，本研究提出如下假设：

H1a：显性知识共享对新企业竞争优势具有积极影响。

4.1.2 隐性知识共享与新企业竞争优势的关系

除了显性知识外，组织的发展离不开核心技术、人力资源管理技能、组织文化等难以通过编码或文本的形式共享的隐性知识。企业内的这些隐性知识根植于员工的教育过程、价值观或具体的工作情境中，包括那些员工或组织或具有的专有技能、经验以及不能编码的过程和直觉判断等都是组织不可获取的重要隐性知识（Nonaka，1991）。对于这些知识的共享能够极大地提升组织的核心能力，并且由于其难以模仿性特征，将有助于强化组织在同行业中的差异性战略的实施以及核心竞争力的构建。

正是这种类型知识共享所带来的重要价值才吸引研究者对这一深题加以探讨。如已有研究者 Holste 和 Fields（2010）等通过相应的研究也都指出，隐性知识共享能够促进组织流程、产品和服务的极大改善和优化升级，并且在战略的计划和实施过程中扮演着重要的作用。特别是每个新企业的创业战略都存在差异性，需结合自身所面临的内外部环境特征加以制定和实施。在关键的创业战略决策上，基于经验和直觉判断的隐性知识将发挥至关重要的作用，对这些隐性知识的共享将提升新企业的决策效率和效果。

从已有研究来看，隐性知识对竞争优势的作用可以体现在两个方面。一方面，隐性知识因为其具备的难以模仿性特征，对该类知识的共享不仅将帮助新企业建立明显区别于其他企业的组织惯例、流程和制度体系，还能帮助新企业的组织内部员工更好地理解企业的技术、产品以及文化，从而建立共同目标和愿景，以充分调动人力、财务等资源，顺利进行核心技术和产品研发。这种优势在技术型企业中体现得更为明显，因为科技行业所面临的外部市场、技术和制度等方面的变革更快（单标安等，2018；陈彪等，2019），新企业需要持续地进行产品研发、更新知识体系，对于隐性知识及其共享更为依赖。

另一方面，新企业中这些隐性知识在个体员工间共享会增进组织员工间的信任并建立互惠机制，能够有效刺激组织成员或部门交换各自的经验和知识并共同思考，是进行高效率组织学习的关键，可以给组织带来超额收益（Matthew 和 Sternberg，2009）。在创建初期，新企业往往结构不稳定、人员流动性较大，在隐性知识的外化、社会化过程中能够将个体知识凝聚形成企业的知识资产，有效防止因人员流动、离职、跳槽等给企业带来的知识资产丧失的风险，帮助企业在未来运营中赢得效益，立于不败之地。因此，基于以上分析，我们提出如下假设：

H1b：隐性知识共享对新企业竞争优势具有积极影响。

创业实践中无论是显性知识共享还是隐性知识共享都对新企业产生积极的影响，然而作用效果并不相同。竞争优势反映的是组织与同行业其他企业相比，在生产效率、产品服务、市场反应等方面所具有的优势。一旦新企业的生产模式、盈利模式、商业战略被其他组织模仿或超越，这种优势便不存在了。从效果来看，显性知识共享主要针对那些可制度化、可文本化的知识。恰恰这些知识也较易被获取和模仿，其更直接地体现为短期效益。相反，隐性知识共享所形成的知识体系和能力往往难以被其他企业所复制。同时，对于企业而言，显性知识的数量仅是冰山一角，隐性知识才是无尽的海洋；对于新企业而言，显性知识则更显劣势。因此，从这个角度分析来看，相比较于显性知识共享，隐性知识共享对于新企业获取竞争优势产生更显著的作用。

正如先前的研究Sáenz等（2012）所说，显性知识共享和隐性知识共享对新企业竞争优势的促进作用程度存在一定的差异。相似的研究还有Wang等（2014），他们通过对中国的高科技企业研究发现，显性知识共享对企业中资产管理、投资效率、销售能力等价值创造活动的影响更重要，即财务方面的绩效；而隐性知识共享则能够有效地提升顾客满意度、响应速度和管理流程等方面的活动，通常表现为非财务绩效，即能有效提升组织的长期绩效和持续竞争优势。Wang和Wang（2012）也发现了类似的结论，显性知识共享对创新的速度和财务绩效影响较大，而隐性知识共享对创新质量和营运绩效影响较大。因此，对于新企业而言，加强对隐性知识共享机制，特别是组织学习文化的建设对于其构建竞争优势产生更积极的作用。基于以上分析，提出下列假设：

H1c：相比较于显性知识共享，隐性知识共享对新企业竞争优势的影响更为显著。

4.1.3 隐性知识共享与显性知识共享间的关系

关于显性知识共享和隐性知识共享的内在关系也得到学者所关注。早期的研究者，包括Nonaka（1994）、Nonaka和Takeuchi（1995）提出了SECI模型，认为显性知识和隐性知识存在密切联系，他们通过描述隐性和显性知识间的移动来解释知识的传递、转化和创造。根据知识属性的特点来看，相对于显性知识共享，实现隐性知识共享更加困难，企业员工如果展现出愿意分享自身宝贵的隐性知识的意图，那么也会愿意分享拥有的显性知识（Hau等，2013）。企业创建初期内部员工之间缺少足够的交往时间和信任，虽然在制度的约束和企业成长压力下会进行显性知识共享，但不会进行或者心甘情愿进行隐性知识共享。然而，如果企业内部逐渐形成了隐性知识共享氛围，说明企业内部建立起可以信赖的工作关系网络，也能够积极促进显性知识共享的实施。Reychav 和 Weisberg（2009）的研究也认为愿意进行隐性知识共性的员工，在显性知识共享时会做得更好。因此，本研究结合以上内容提出如下假设：

H1d：隐性知识共享能够积极促进显性知识共享。

4.2 动态能力与新企业竞争优势的关系

关于获取竞争优势，资源基础理论（RBT）强调了资源的重要性，将资源看作企业竞争优势和获得成长的起源（Penrose，1959）。这些资源不同程度地分布在各个企业之中，随着时间的推移固化形成组织的异质性资源（Barney 1991）。后续的研究通过对组织环境的观察，发现高度动荡的商业环境改变了对资源基础观的原有的认识，即先前的资源基础观主要探讨的是静态的环境，忽略了市场活力的影响（Eisenhardt 和 Martin，2000）。也就是说，在动态环境下，资源的特征及其价值会发生变革，组织需要拥有核心能力来更好地利用所拥有的资源，对资源结构进行动态调整和优化配置。在环境动态性较高的情境下，Dierickx 和 Cool（1989）的研究指出，企业生产和取得成功的关键依赖于创造一套独特能力能够保障企业在竞争中持续获得优势。由此，动态能力的概念被研究者提出来，其集成了资源和能力的进化本质，对资源基础观形成了有益的补充（Eisenhardt 和 Martin，2000；Zahra 和 George，2002）。因此，动态能力是企业特有的，通过企业内资源间复杂的交互作用随着时间的推移发展的（Amit 和 Schoemaker，1993）。

大量学者围绕动态能力的作用展开探讨。代表性学者如 Teece（2007）认为，动态能力有助于企业在开放经济和动态环境下获取长期绩效并带来竞争优势。Cepeda 和 Vera（2007）的研究发现，动态能力是一种高阶能力，能够用于配置企业的运营能力，以在动荡环境下得以生存和获取竞争优势。Wang 和 Ahmed

（2007）认为，动态能力是企业不断地整合、重新配置、更新和重新创造资源和能力的一种行为导向，特别重要的是，升级和重建企业响应环境变化的核心能力来获得和维持企业的竞争优势。通过这个定义，我们认为，动态能力不仅仅是一个流程，但是却嵌入在流程之中。流程往往是显性的、可识别关于资源的结构化和组合，可以在企业内或者是企业间较为容易的转变。而动态能力是指企业部署资源的能力，通常是以组合的方式，包含显性（明确）的过程和包含在过程中的隐性要素（如过程性知识和领导力）等，帮助企业构建竞争优势（Amit 和 Schoemaker，1993）。Eisenhardt 和 Martin（2000）认为在动态能力被"迅速的、敏捷的、偶然的"应用于创建资源配置而不是进行竞争时，动态能力可以成为竞争优势的来源。国内学者虽然对动态能力的研究起步较晚，但依然有较多相关实证研究成果，通过大规模的问卷调研证实了动态能力对企业竞争优势的积极作用。例如王婧、吴贵生和汪涛（2018）、王建军和昝冬平（2015）通过相应的实证检验过程验证了中国企业动态能力有助于积极提高组织的竞争优势。

关于动态能力对组织竞争优势的作用路径问题，动态能力领域研究的先驱 Teece 等学者认为，企业的竞争优势根植于赖以协调与配置资源的独特流程，动态能力以其特有的知识资产为基础，不断优化现有知识资源选择或继承的路径，开拓获取新资源的路径，逐步塑造竞争优势。根据他们的研究，动态能力的作用主要体现为对现有资源的高效配置，其对组织竞争优势的作用路径可包括战略柔性（Hamel，1999）、动态匹配（Teece 等，2000）、价值创造（Proter，1985）等方面。其中战略柔性有助于新企业更轻松有效地应对环境的不确定性，使企业保持足够的灵活应变能力，降低企业的迷失程度；动态匹配能不断协调企业有限的资源与外部环境之间的匹配关系，增强企业资源对环境变化的协整性和响应性，以及提升企业对环境变化的扫描能力与预判能力（刘建新，2008）。动态能力能够帮助企业在日益复杂的外部环境中，应对环境的变化，甚至重新塑造环境，改变游戏规则，增强新企业的竞争优势。

正如 Eisenhardt 和 Martin（2000）的研究所指出的那样，"快速的、敏捷的、偶然的"应用能力体现出动态能力是作为应对高度动荡环境的核心。新企业所面临的独特内外部环境意味着不考虑环境的动态变革，而仅仅依靠对有限资源的整合是难以存活的。新企业作为资源和能力的结合体，其动态能力的存在强调将动态配置组织的资源和能力，将其转变成产品或者服务，支付给客户优越价值。这一过程也凸显了动态能力的价值，即以迅速、准确、创造性的方式来适应行业的改变。同Barney等（2001）的研究相一致，动态能力为企业所带来的快速改变的能力和对市场变化的警觉性是其他竞争者很难模仿的，因此可以成为持续竞争优势的重要来源。

4.2.1 吸收能力与新企业竞争优势的关系

根据Wang和Ahmed（2007）、Biedenbach和Muller（2012）关于动态能力的划分研究来看，这一能力包含了适应能力、吸收能力和创新能力，三者均对组织竞争优势产生影响。吸收能力是动态能力的一个关键维度，是指企业识别外部新信息的价值，吸收并将其应用到新企业创业过程中的能力（Cohen和Levinthal，1990）。这一部分的能力反映出新企业从不同来源（合作伙伴、顾客、竞争者等）获取信息、整合外部信息和转移外部信息并内化为组织知识的能力（Wang和Ahmed，2007）。从吸收能力的内涵角度来看，其强调了对外部知识和信息的消化利用，即将外部知识内化为组织知识并形成能力的一种能力。组织的吸收能力将极大地提升知识更新的速度，并且更高效地借鉴外部的技术和知识体系。

从新企业的特征来看，由于他们刚刚进入相关行业，在市场中存在的时间较短，因而先天性的不足便是先前经验、知识和能力的缺失（蔡莉等，2014）。吸收能力作为帮助新企业"倾听"外部环境变化的核心能力，是促使新组织创建和构建竞争优势的重要能力。Woiceshyn和Daellenbach（2005）研究便发现，吸收能力是企业应对外部技术环境改变时取得成功的关键，当技术不断变革时，拥有较强吸收能力的企业表现出更有效的技术应用过程，导致更高的组织产出，而较低吸收能力的企业在应对技术环境变化的过程中面临更明显的困难。Chen、Lin和Chang（2009）的实证研究证实了吸收能力对企业创新绩效和竞争优势均存在显著的积极作用。秦鹏飞等（2019）的研究发现，组织吸收能力能够从多方面促进企业的创新，包括获取外部商业网络中的知识、克服组织惰性等，以获取竞争优势。

基于已有研究来看，吸收能力的作用主要体现为两个方面。一方面是吸收组织网络中的有价值的知识，如从合作伙伴、顾客、供应商等商业关系成员中获取、吸收相关的市场知识、技术信息并将其内化并运用到组织产品或服务中。这些知识往往与组织所处的情境极为相关，故对其予以消化吸收能够及时地帮助新企业调整产品/服务策略、改进生产流程、优化资源利用效率。另一方面体现为对组织技术创新和技术能力的提升。如 Zahra 和 George（2002）的研究发现，吸收能力较强的组织会及时更新内部知识体系，深化对相关知识的运用，从而提升组织创新水平。邹波、张巍和王晨（2019）的研究也清晰地指出，组织吸收能力推动企业的过程创新，以快速实现技术商业化和创新绩效。综上所述，拥有强吸收能力的企业可以较快地识别并吸收与自己互补的知识和资源，融合并转化到内部研发过程中，这些都将在多个方面积极地提高组织的竞争优势，因此本研究结合以上分析提出相应的假设：

H2a：吸收能力对新企业竞争优势具有积极影响。

4.2.2 适应能力与新企业竞争优势的关系

适应能力被定义为企业识别和利用新兴市场相关机会的能力（Wang 和 Ahmed，2007；Biedenbach 和 Müller，2012；Chakravarthy，1982）。适应能力反映的是组织面对外部变化如何采取行动，在适应外部环境的同时帮助组织获得生存和发展的能力，能够体现出企业在资源、运营能力和管理模式等方面的战略柔性。其作为动态能力的重要组成部分，对于新企业如何调整内部资源，以在动态变革的市场或制度环境中识别、利用新机会和资源发挥极为关键的作用。

大量的实证研究表明适应能力是可持续竞争优势的来源之一（Powell 和 Thomas，2010）。研究已经表明，企业所具有的这种适应外部环境变化和促使内部资源与外部环境相匹配的适应能力是企业变革和在不同市场环境中生存的关键驱动因素（Wang 和 Ahmed，2007）。较多新企业在创建之初具备一定的技术基础和产品服务能力,但其最终创业过程走向失败,这往往与适应能力的缺乏息息相关。因为新企业与不同成熟企业或者资源较为充裕的大型企业不同,其在创建及成长过程中需要经历各种困难、克服重重困境(蔡莉等,2010)。由于新企业规模较小,对外部环境变革的敏感性较高(Amason、Shrader 和 Tompson,2006;朱秀梅等,2010;蔡莉等,2012),例如市场需求趋势的变化、顾客对产品/服务功能需求的变化、技术发展趋势的变化都可能对新企业的运营和生产带来较大的影响。同 Barney 等(2001)的研究一致,快速改变的能力和对市场变化的警觉性是其他竞争者很难模仿的,可以成为持续竞争优势的来源。故在这一环境背景下,新企业如何有效应对这些挑战直接决定着组织绩效的获得和竞争优势的持续。适应能力较强的新企业往往在环境变革发生之际便能够快速做出反应,对传统、管理和权威提出挑战和思考,先于竞争对手做出决策,快于竞争对手转变业务重心,从而获得先动优势。

从新企业创业的核心要素来看,识别并开发市场中存在的商业机会是创业成功的关键因素之一(Timmons,1994)。新企业的适应能力越强,组织更加能够通过灵活地调动内部资源,从而对新兴市场机会做出比竞争者更快的反应。同时,由于存在新生劣势,新企业自身具备的资源基础和获取新资源的能力非常弱,存在着严重的资源约束问题,面对这种困境,具备较强适应能力的新企业能够有效地保持组织资源的柔性,更加创造性地利用有限的资源以开发商业机会(Teece 等,1997)。因此,适应能力较高的新企业,其把握机会的能力更强,针对性获取和利用资源的效率更高,创业成功的可能性更大,并且针对动荡的环境快速做出反应并采取行动也将极大地强化组织的竞争优势。

同时也有研究表明,适应能力强的新企业不仅具备较强的适应性,更重要的是有效率地搜索外部环境的信息,并根据外部环境的变化努力实现探索和利用战略之间的平衡(Staber 和 Sydow,2002)。如何科学地进行创业战略选择是新企业能够获得竞争优势的关键,如陈彪和单标安(2018)指出在中国转型经济背景下,制度和市场不完善并且快速变化使如何平衡组织内部的不同战略困扰着新企业的发展。适应能力能够帮助企业主动适时改变企业行为以更好地适应变化的环境，以找到在外部市场适当位置。企业是一个相对独立的开放系统，在环境不确定程度越来越高的今天，提高适应能力，企业将获得更高的竞争优势（杨秀芝、李柏洲，2007）。同时，适应能力将强化新企业对外部环境的认知，借助于内部资源的有效组合来达到探索型战略和利用型战略的动态平衡，以在激烈的竞争环境中获得相对的竞争优势。基于此，我们提出如下假设：

H2b：适应能力对新企业竞争优势具有积极影响。

4.2.3 创新能力与新企业竞争优势的关系

根据 Wang 和 Ahmed（2007）的研究，创新能力是企业通过调整战略创新导向与创新行为和过程相适应，来开发新产品、市场的能力。创新能力也是新企业竞争优势的重要决定因素，其目的是有效地改善企业的运营效能和对外部环境的适应性及解读能力，有效地将企业固有的创新性和新产品或者市场方面的优势连接在一起，解释了企业资源和能力与产品市场的关系（Wang 和 Ahmed，2007）。创新能力较强的新企业，其在技术商业化速度、新产品或者服务的推出方面具有显著的优势。这些构成了企业获得竞争优势的重要基础，特别是新企业产品或服务方面将显著领先于其他同行业企业，通过提供差异化的产品或服务而获得超额收益。Ireland 和 Webb（2007）的研究指出，创新能力较高的企业，其通过战略创业持续地推出一系列的创新产品或服务，进而获得市场和顾客的支持并构建组织的持续竞争优势。

关于创新能力与竞争优势间的关系已经得到较多国内外研究者的证实。例如，Lee 和 Hsieh（2010）的实证研究很好地支持了先前关于创新能力与竞争优势间的积极关系，强调了创新是组织获取持续竞争优势的核心所在。Camisón 和 Villar–López（2014）的研究发现，创新能力是组织进行创新活动的关键推动力，通过一系列的创新行为的展开，帮助企业获取绩效和竞争优势。Zawislak 等（2012）通过对创新能力的研究发现，这一能力体现在组织的技术开发以及将相应技术转化为新产品或服务等方面。组织基于技术转化为市场可接受的创新产品，从而获取绩效和竞争优势。国内学者张光明和徐飞（2017）通过对资源和动态能力的视角来探讨企业创新能力与持续竞争优势的关系,并实证检验了二者存在的积极关系。张文忠和王丹(2017)深入分析了技术创新与企业财务绩效和长期竞争优势间的内在关系。臧树伟和陈红花(2019)通过案例研究表明,创新能力有助于企业"换道超车",奠定企业在新竞争领域的地位。这些学者的研究都充分体现出创新能力在组织获取竞争优势过程中的关键作用。

从具体的创新形式分类来看,创新能力包括管理创新、营销创新和技术创新等方面的能力(Lee 和 Hsieh,2010)。对于新企业而言,不同类型的创新能力对于企业竞争优势均存在重要的影响。其中例如关于管理创新方面,杨伟等(2011)研究指出,由于新企业在创建初期缺乏正式的制度和流程,在高度动荡的市场环境中难以快速响应,因此他们需要结合自身的特征,积极构建与其他企业并不趋同的结构化管理框架来降低不确定性,提高组织的效率。市场营销活动直接决定着顾客对于新企业产品或服务的偏好和购买倾向,因此如何通过创新性的营销策略来推广企业对于新企业在市场反应以及顾客满意度方面的优势产生重要作用。技术创新是企业进行产品或服务创新的重要支撑,新企业采取新技术,如将云计算、大数据分析等数字技术融入品或服务生产过程和销售过程中将极大地提高企业的竞争优势。因此,基于以上分析,本研究认为创新能力将极大地推动企业获取竞争优势,故提出下列假设:

H2c:创新能力对新企业竞争优势具有积极影响。

4.3 新企业知识共享与动态能力的关系

无论是 Prahalad 和 Hamel 提出的"核心能力论"还是 Teece 提出的"动态能力论",都将知识视为能力的内核,知识的积累与更新是能力提升的必经之路。企业本质上是高度专有的、具有再生能力的知识存储仓库(Nelson 和 Winter,1982;Demsetz,1988)。这一知识库的广度和深度决定着组织能力的水平,特别是用于应对外部环境变革，动态配置内部资源、知识和能力的动态能力往往取决于组织的知识体系。因此，知识存量和持续学习能力决定着企业发展的潜力和成长高度。新企业有限的知识存量和简单的知识结构体系使持续地更新知识对于组织的创建、机会利用和组织成长凸显尤为重要。知识共享可能增加不同类型专业知识的整合范围，提升企业独特于竞争对手的知识相关能力（Grant，1996）。这也从侧面解释了为什么有较多学者研究从知识管理角度来揭示动态能力的形成和变革过程。

知识共享连接着外部网络的知识集合与组织内部的知识集合，不同类型的知识共享过程帮助企业把已获取的知识或者外部知识加以内化并运用到组织管理中去（Marsh 和 Stock，2006），驱动组织的"知识"转化成"动态能力"。同样，从知识基础理论来看，知识构成了组织能力和知识资本的关键基础。然而，如果知识一直孤立地停留在某一个体或者是单元之中，意味着组织能力的固化、弱化甚至退化，这对于企业充分利用现有的知识来创造开发新的知识并进行知识的积累是极为不利的（Hsu 和 Sabherwal，2012）。因此，知识共享是组织有效利用知识来开发智力资本、进而促进动态能力提升重要途径。

关于知识共享对动态能力的作用已经开始受到学者们的关注。其中 Tseng 和 Lee（2014）的研究提出，组织动态能力的提升与内部个体所拥有的知识转化为组织知识的过程，包括学习过程和知识共享过程极为相关，用于应对外部快速变化的环境。Chien 和 Tsai（2012）的研究发现，知识的积累及其丰富程度与组织的动态能力积极相关，而知识共享将在很大程度上提高组织知识的丰富程度和知识积累的广度和深度。早期的研究者 Nonaka 和 Takeuchi（1995）在他们的研究中也强调了知识共享作为知识管理的重要环节是推动组织能力的重要驱动力。国内学者董俊武等（2004）深入研究了企业知识理论的演化形成过程，他认为企业更愿意选择知识共享过程来连接新旧知识的更新，企业在成长过程中不断利用现有知识和探索新知识的过程就是企业动态能力的形成过程。许晖、薛子超和邓伟升（2018）通过深入的案例研究发现，组织通过知识共享过程将分散与个体、团队等不同层面的知识转化为组织层面结构化的知识，从而促进动态能力的提升。

根据已有研究的总结来看，知识共享对动态能力的作用可归纳为以下几个方面：

（1）知识共享有助于解释不同类型的知识，帮助组织成员消化吸收知识以形成组织的动态能力（Marsh 和 Stock，2006）。知识解释伴随在对那些关键性的技术、隐性技能等方面的共享过程中，这些知识往往是构建动态能力内核的关键。

（2）知识共享促进新企业组织惯例的形成与重构。知识共享过程促进新企业知识的转化与更新，把企业从知识共享中获取和创造的新的组织层面知识逐步转变成组织新的惯例，而企业的动态能力则形成于这个过程中。

（3）动态能力强调的是对组织内部各种资源组合的动态整合与配置，其中就包括了对组织知识资源的利用（Cepeda 和 Vera，2007）。知识共享将极大地推动新企业更好地利用组织内外部有价值的知识资源，以此来提升动态能力。

4.3.1 新企业知识共享与吸收能力的关系

吸收能力的早期研究者 Cohen 和 Levinthal（1990）在其研究中提出的核心观点认为，吸收能力由前期积累的相关知识所决定，企业应该尝试与组织内、外部环境进行互动来追逐多样化的知识（Sun 和 Anderson，2010），以提升组织的吸收能力。具有较高吸收能力的企业往往体现出从商业伙伴学习、整合外部信息、转移外部信息将其内化为企业组织知识的一系列能力，而这些离不开组织的知识共享机制。

组织的知识储备量是影响其吸收能力的重要因素，知识储备量的丰富程度决定了企业能够解读、内化并将其有效利用的能力，即吸收能力（Teece 等，1997）。知识共享是组织成员间通过社会化交互作用和培训等方式，不断沟通和交换知识的过程。这恰恰为组织知识的积累和创造提供了有效的途径，并且随着知识共享的进行，新获取的知识和先前知识库中可用的知识被传递到知识整合活动中，这个过程对于提升组织吸收外部知识和信息的能力是至关重要的（Nielsen，2006）。Wang 和 Ahmed（2007）关于知识共享的研究发现，吸收能力可以体现在多个方面，其中一个重要方面便是强调了组织系统分析新的技术并且在复杂、多样化的团队（如具有多学科背景）中共享信息和知识。Liao、Fei 和 Chen（2007）以中国台湾的企业为研究对象，实证检验发现知识共享能积极促进组织的吸收能力的提升，因为员工建立与其他企业不同的知识共享文化和机制，有助于鼓励组织各部门的员工积极主动地获取新知识，参与组织学习过程以提升能力。Wuryaningrat（2013）的研究也发现，知识共享涉及在组织内外部环境中持续的学习过程，不仅能获取新知识，还能加深对知识的理解，以促进组织吸收能力的提高。

另外，知识本身是具备"黏性"的，这限制了知识的自由传递。如果显性知识和隐性知识不经过有效的知识共享，即使新企业能够获取丰富的各类知识，也难以将外部知识内化到自身的知识体系和结构中，更别提形成组织能力。无论是显性知识共享还是隐性知识共享，其最基本目标是影响和改善知识在企业内不同个体或部门之间的流动和传递，并且加速知识被提取的进程，这能够有助于企业吸收并更新现有的知识，提升其吸收能力（Wheeler, 2002）。因此，无论是显性知识共享，还是隐性知识共享会通过影响组织内部的学习过程，包括获取新知识、解释知识结构并加以内化，从而促进新企业的吸收能力的提升。基于以上内容的分析，本研究提出以下假设：

H3a：显性知识共享对新企业吸收能力存在积极影响。

H3b：隐性知识共享对新企业吸收能力存在积极影响。

4.3.2 新企业知识共享与适应能力的关系

与吸收能力不同的是，适应能力强调了企业的灵活性和战略柔性，即反映了组织内部资源和战略的灵活性（内部灵活性）（Wang 和 Ahmed, 2007）。适应能力所体现的这种灵活性来自组织对外部环境，包括技术、市场和政策等相关知识的理解，因此组织各部门员工共享关于外部环境的相关知识对于适应能力产生重要影响。Weitz、Sujan 和 Sujan（1986）的研究也指出，组织的知识基础是适应性行为的重要前因。对于新企业而言，在创建及早期成长过程中的一个重要任务便是持续获取与外部环境和整合内部资源相关的知识。这便突出了知识共享的重要性，员工将所获取的外部知识加以共享，内化为组织知识从而加强组织根据外部动荡的环境适时调整内部资源和组织结构的能力。

从不同类型的知识特征角度来看，显性知识是能够利用象征性符号和书面形式表述、容易结构化和存储在文档中的知识，因此与工作有关的显性知识（技术性和非技术性）可以通过技术驱动和结构化程序（如信息系统、邮件系统和共享实践数据库机制等方式）传递，同时也能够通过问题解决过程中的讨论和交流而进行交换与整合（Nonaka，1991）。对于缺乏正式结构的新企业而言，显性知识共享有助于企业构建利用转化知识的结构资本，即组织流程、结构、资源整合和组织文化等制度体系，促进新企业持续进行知识转移，这对于企业创造性活动及适应能力的构建是至关重要的（De Pablos，2004）。

同样，隐性知识共享也能积极促进适应能力的提升。由于隐性知识属于高度个人化的知识，这种知识很难被正式化或者记录下来（Nonaka，1991）。因此，一旦隐性知识在组织内部顺利实现共享，这意味着相关知识已经被不同员工所"意会"，并且知识在组织内部的流动和更新极为顺畅。新企业组织内部员工间越多地共享隐性知识，其组织结构越灵活、知识转移的效率越高，这越有利于组织做出动态调整以适应外部环境变革，即组织的适应能力得到有效提高。因此，基于以上分析，我们认为无论是显性知识共享还是隐性知识共享均对适应能力产生积极作用，由此提出以下假设：

H3c：显性知识共享对新企业适应能力存在积极影响。

H3d：隐性知识共享对新企业适应能力存在积极影响。

4.3.3 新企业知识共享与创新能力的关系

创新能力强调的是外部灵活性，注重通过新产品开发或技术创新应对甚至创造环境的变化（Wang 和 Ahmed，2007）。Liao、Fei 和 Chen（2007）的研究指出，组织创新能力的提高离不开组织内部知识转化过程。在他们的研究中强调了知识共享的作用，并提出如果员工间积极地共享新知识将会有助于反馈问题和修订知识结构，并且知识共享是预测外部环境趋势的重要变量，用以推动新产品开发和技术创新（Hong 等，2004）。国内学者周荣虎（2017）的研究也指出，知识共享积极促进企业进行技术创新活动，提高创新能力。秦鹏飞等（2019）在其研究中也指出，知识共享极大地提高了知识转移的效率，从而带来组织创新能力的提升。

具体来看，隐性知识是高度情境和个性化的知识，包括个体经验、主观价值、特殊情境观点、直觉或者预感等，这种知识很难被正式化或结构化（Van Den Hooff 和 De Ridder，2004）。隐性知识共享绝大多数是通过非正式途径实现的，例如组织内部的非正式社交网络和员工之间的交互作用，通过影响知识的共享，能够提升组织成员的共同认知、社会化技能等方面的人力资本，改变组织成员的思考和行为方式。同时，更为重要的是，隐性知识共享的结果不仅能改变个体成员思考和行为的方式，也能给现有的组织惯例、生产程序、组织文化和学习系统增加新的、丰富的内容，甚至是完全重建现有的基础设施。这些都是企业创新能力的重要基础（Wang 等，2014）。组织通过对这些隐性知识的共享，充分挖掘员工的创造力，促进技术与市场需求的较好匹配。

先前的研究也已经表明，显性知识共享对于新企业获取外部技术信息、顾客需求知识、同行业先进的管理理念和制度，并将其予以内化转化为组织自身的知识发挥关键作用。这些显性知识的共享过程也推动了员工个体层面及组织层面对这些显性知识的反思，从而提升组织创新活动的效率。Johnson 和 Lorenz（2002）研究也指出，通过深入地面对面交流或探讨，组织成员间能够将自身的经验、价值观和对企业管理的心得体会等知识传递给对方，同时在交流过程中不断修正和丰富自身的知识基础，这个过程有助于新想法和新知识的成长，进而提升企业的创造能力。

然而需要强调的是，当新企业过多地进行显性知识共享时，并不利于组织创新能力的构建，反而将会导致新企业陷入结构刚性，组织灵活性下降。这不利于企业保持内部资源和战略柔性，阻碍了企业开发新产品和市场以应对技术环境和顾客偏好变化的能力。同时，过多地共享显性知识，必然导致组织僵化，并将大量时间和精力用于分析重复性较高的显性知识，而不利于组织去强化技术开发和深度的市场分析。因此，显性知识共享和隐性知识共享对创新能力的作用存在差异性，长期过度的显性知识共享不利于组织创新能力的提高。基于以上分析，本研究提出以下假设：

H3e：隐性知识共享对新企业创新能力存在积极影响。

H3f：显性知识共享与新企业创新能力间呈倒 U 形的非线性关系。

4.4 动态能力的中介作用

结合企业动态能力理论和竞争优势理论的相关研究来看，动态能力是应对外部变革环境的一种核心能力，对组织的竞争优势产生显著的影响。正是动态能力的这一显著作用，使广大的战略管理学者提出组织应当构建动态能力，以获取持续的竞争优势。关于如何构建动态能力一直是企业面对的挑战，较多学者提出了组织学习的重要性，例如 Easterby – Smith（2006）、Zollo 和 Winter（2002）等研究者都认为组织内部的学习活动是企业建立动态能力的关键。知识共享行为与组织学习密切相关，甚至被学者们看作一种组织学习过程（Wang 和 Noe，2010；Yang，2007；Matzler 和 Mueller，2011；Jo 和 Joo，2011），学习的结果便是组织能力，特别是以知识为基础的动态能力的提升，从而帮助新企业建立竞争优势。

Wang 和 Ahmed（2007）的研究指出，动态能力是企业不断地整合、重新配置、更新和重新创造资源和能力的一种行为导向，特别重要的是，升级和重建企业响应环境变化的核心能力来获得和维持企业的竞争优势。这种能力体现出企业整合资源的能力，通常是以组合的方式，包含显性（明确）的过程和暗含在过程中的隐性要素（如过程性知识和领导力）。这些显性要素和隐性要素的组合离不开组织知识共享机制。Zollo 和 Winter（2002）、焦豪（2008）等学者也认为，企业的动态能力是显性知识和隐性知识（经验）积累的过程、知识外化过程和知识实现编码的过程等学习机制相互作用的结果。

企业形成动态能力的过程需要知识的流动和转化,而知识共享过程中的知识的内化、外化、组合和社会化正好能激发新企业的积累知识、更新知识,最终体现为动态能力的提升。如 Felhat（1997）就提出,关于如何或者怎样的隐性知识对创造动态能力或者强化提高动态能力的重要知识,因此针对这些隐性知识的共享过程将直接促进组织动态能力的提升。对那些外部容易观察、复制和学习的显性知识的共享则帮助新企业及时掌握外部环境变革,从而动态调整内部资源结构和能力的利用,即强化动态能力,以获取先动优势。

以上学者的研究都显示知识共享会通过动态能力的提升而间接提升组织的竞争优势。知识共享是知识从一个人或者群体转移或者传播到另外的个体或者群体的过程（Hsu,2008；Karagiannis 等,2008）,也是利用、创造和传播知识的关键途径,其作为企业进行知识管理的基本职能（Small,2005）,会增加不同类型专业知识的整合范围,提升企业独特于竞争对手知识的相关能力（Grant,1996）,即动态能力。

4.4.1 吸收能力在知识共享与新企业竞争优势间的中介作用

从动态能力的具体维度来看,组织的知识存量是吸收能力的基础,而随着组织内成员之间知识的交换和持续共享,构建了组织内知识之间的新联系,进而促进组织的吸收能力和相对的竞争优势。Zahra 和 George（2002）针对吸收能力的研究指出,组织获取新知识的能力是吸收能力的重要体现,而组织内部员工间的知识共享将强化新知识的获取能力,积极强化组织的吸收能力从而带来竞争优势的有效提升。吸收能力对企业的作用与组织拥有的知识密切相关,例如 Lane 等（2006）针对影响吸收能力的前因变量的研究发现,知识在组织中共享过程将会显著影响组织的吸收能力。Todorova 和 Durisin（2007）的研究也认为,知识是向前或向后不断移动的,大量的知识在组织内部中被共享,从而在这一同化吸收、重组和转化的过程中,组织的吸收外部信息和知识的能力得到强化,推动组织绩效的提高以及建立在同行业中的优势地位。

显然,作为动态能力的重要组成部分,吸收能力构成了知识共享与竞争优势之间的桥梁。新企业内部员工间将所具有的有价值外部知识、技能、经验等显性和隐性知识通过正式和非正式机制加以共享，提高组织的吸收能力，以推动新企业根据外部环境和内部资源结构持续地调整和改进生产流程、产品/服务策略、营销模式等，以建立竞争优势。Wang 和 Ahmed（2007）关于吸收能力的研究指出，企业的吸收能力体现在多个方面，包括，从不同的合作伙伴、企业自己的探索、经验学习等过程中获取关于新技术的一手知识，以进行竞争性模仿的能力；研发和使用互补技术的能力；拥有与新技术应用相关领域的高水平知识和技能（Woiceshyn 和 Daellenbach, 2005）。从先前的研究来看，知识共享过程将显著提高企业的这些具体能力（Nielsen, 2006），为新企业的竞争优势建立能力基础。

由于显性知识的可编码和易传播性特征（Nonaka, 1991），对这类知识进行共享，其知识传播和转化的效率更高，有助于提高组织知识的多样性。这对于新企业广泛吸收不同类型的知识、先进的技术产生重要推动作用。Cohen 和 Levinthal（1990）的研究指出，吸收能力反映出企业识别到外部新信息的价值，吸收并将其应到用商业活动中的能力。这种评估和利用外部知识的能力很大程度上是已有知识水平的函数，知识共享则能够在短时间内提高新企业的知识水平和丰富程度，从而强化组织吸收知识的能力。这一观点与 Zahra 和 George（2002）的研究相类似，即吸收能力"取决于多种因素，包括企业固有的经验、知识互补性和多样性的知识来源"，而毫无疑问知识共享为组织经验积累、知识互补性和多样性带来了显著的提升，为企业竞争优势奠定基础。同样，隐性知识共享的作用体现为对难以复制、模仿和言传的知识的内化吸收。根据 Purvis、Sambamurthy 和 Zmud（2001）的观点，组织中知识嵌入的水平越高，越有利于知识的吸收。隐性知识一旦被共享，意味着知识被深度解读，将极大地强化知识的嵌入水平，从而提高组织吸收能力，为新企业带来竞争优势。基于以上分析，我们提出相应假设：

H4a：显性知识共享通过吸收能力而间接影响新企业竞争优势，即吸收能力在显性知识共享与新企业竞争优势之间起着中介效应。

H4b：隐性知识共享通过吸收能力而间接影响新企业竞争优势，即吸收能力在隐性知识共享与新企业竞争优势之间起着中介效应。

4.4.2 适应能力在知识共享与新企业竞争优势间的中介作用

适应能力反映的是新企业利用外部变革的环境中存在机会的能力（Hooley 等，1992）。适应能力强的新企业，其具备高度的灵活性，是企业在资源、能力和管理模式方面的战略柔性的重要体现（Rindova 和 Kotha，2001），是组织在变革环境中获取竞争优势的关键性动态能力（Teece 等，1997）。这种能力的形成和演化离不开组织的知识共享行为。因为适应能力效用的发挥需要考虑两个重要环节。第一，对外部环境的把握，包括市场趋势、技术进步、政策变革等方面的深度理解；第二，根据所掌握的环境知识进行内部调整的能力，包括资源重构与整合、业务流程优化、快速决策和高度的执行效率等。知识共享过程将极大地推动这两个核心环节，通过适应能力来帮助新企业构建竞争优势。

其中显性知识共享强调了效率性，通过有目的性地建立内部沟通、协调机制，将推动组织对外部扫描所获得的环境相关知识予以传播，成为组织层面重要的决策依据。这对于新企业调整自身的资源结构和战略规划是极为重要的。隐性知识共享本身是个复杂的过程，组织内部高效率的隐性知识共享将带来员工间的信任和对隐性知识的深度解释。新企业的隐性知识共享行为将提高战略决策的制定和实施效率，帮助组织找到适合企业内、外部环境的资源结构和生产运作模式。因此，显性知识共享和隐性知识共享对于增强新企业的产品范围与外部市场的适应性产生重要作用，以帮助新企业快速地应对外部市场的变化（Oktemgil 和 Gordon，1997）。

对于新企业而言，适应能力的核心价值在于推动企业在动态的环境中实现战略规划与内部资源相匹配，以创造并维持竞争优势。如同 Rindova 和 Kotha（2001）对雅虎和 EXCITE 搜索引擎的研究所得出的结论，吸收能力对于组织如何适应环境，通过持续的、组织内部的各个层面的调整和优化（Alvarez 和 Merino，2003；Camuffo 和 Volpato，1996），如"在产品、服务、资源和能力、组织模式方面全面地、不断地改变"以与同行业进行竞争。从知识管理角度来看，组织的调整和优化离不开知识在不同层面，包括员工个体、团队、业务部门等层面的共享。这将充分调动组织员工的积极性，最大化地利用团队成员的显性知识和隐性知识，通过增强新企业的适应能力从而获得竞争优势。因此，通过以上内容的分析，本研究提出如下假设：

H4c：显性知识共享通过适应能力而间接影响新企业竞争优势，即适应能力在显性知识共享与新企业竞争优势之间起着中介效应。

H4d：隐性知识共享通过适应能力而间接影响新企业竞争优势，即适应能力在隐性知识共享与新企业竞争优势之间起着中介效应。

4.4.3　创新能力在知识共享与新企业竞争优势间的中介作用

创新能力是企业获取竞争优势的关键能力，因此先前有较多学者关注影响组织创新能力的因素，以便更好地推动企业维持竞争优势。其中知识共享行为对组织创新的作用已经受到一些学者关注，例如 Liao 等（2007）在研究中发现，知识共享行为对创新能力产生积极的作用。组织通过共享显性知识和隐性知识提高创新能力，以此来推动竞争优势的构建。一个企业转化和利用知识的程度决定着创新水平（Marina 和 Du，2007），包括问题解决的新方式、应对动态变革的市场需求、新产品开发等都受到知识共享的重要影响。

Wang 和 Wang（2012）的研究指出，显性知识共享和隐性知识共享均会影响到组织的创新活动，然而其后续的实证分析却发现，显性知识共享对企业的运营绩效（财务绩效）的影响并不显著，而隐性知识共享的作用却极为显著。该研究结果也表明，对于企业的生产、技术创新等相关运营活动以及组织的创新质量，隐性知识共享的作用往往更为明显。新企业组织内那些拥有多样性和特殊技能的个体之间的频繁互动可以增强组织长远创新的能力，因为这一过程促进了隐性知识在组织内部的流动，从而带来竞争优势。

新企业的组织结构较为灵活，各部门员工间的互动和交流更为直接，因而较之于成熟企业，新企业组织内部员工技能、经验等隐性知识的共享效率更高。对这些隐性知识的共享过程将推动新创意、新思维在新企业组织内部的传播，极大地提高了员工从事创新行为的意愿,充分调动了组织内部的创新文化氛围。这也是组织创新能力的具体体现,帮助新企业更好地开发新技术、新产品/服务,从而在市场中获得有利的竞争地位。基于以上分析,我们提出相应的假设:

H4e:隐性知识共享通过创新能力而间接影响新企业竞争优势,即创新能力在隐性知识共享与新企业竞争优势之间起着中介效应。

4.5 组织文化的调节作用

新企业作为一个组织,其实质上可以看作文化的实体(Cook 和 Yanow,1993),知识管理强调了知识在组织内各部门间的流动,其必然受到组织文化的深刻影响(McDermott 和 O'Dell,2001)。从内涵上来看,组织文化体现的是组织内部形成的价值观和共同信念,是个体需要去共同自觉遵守的规范或价值体系(Hill,2007)。这种文化氛围会极大地影响组织内部成员间分享信息、相互沟通的意愿。正如 Goh(1998)的研究所说,组织内部建立合作的氛围,以及信息共享、敢于尝试的文化,将极大地鼓励员工去积极为组织能力建设贡献力量。

从知识特征的角度来看,其高度依赖于个体,即知识隐藏或依附于组织内部的员工身上。这也意味着知识能否被有效传递或传播与员工分享知识的意愿密切相关。因此,在组织内部建立这种积极的文化将极大地强化员工分享知识的意愿,从而推动企业构建能力和竞争优势。其中集体主义便是这种组织文化的具体体现。先前的较多研究指出,集体主义文化较强的组织,强调了"集体性",员工有更多的机会参与组织的运营和重要决策,并且会相互支持,共同分享目标和责任(王永丽等,2013)。这将在组织内部建立友好的沟通氛围,提高员工参与和主动进行知识共享行为,提高组织消化、吸收的效率,以此带来竞争优势的提升。

相对而言,个体主义更加强调了个人的目标和责任,将自身的利益与组织集体利益相分离,具有明显的个人独立性并以自我为中心的思维(Hofstede,

1984)。在个体主义盛行的组织文化背景下,新企业组织内部员工间知识共享的意愿会明显降低,并且知识共享的渠道和机制会不顺畅,在这种文化氛围下将极大地弱化知识共享本身的作用价值。

显性知识共享与隐性知识共享活动,尽管在共享知识的类型以及共享机制方面存在一定的差异性,但知识共享的效率在很大程度上受到组织文化的影响(Lin,2008;Abili 等,2011;Fathi 等,2011)。例如,显性知识共享更多地通过正式或制度化的机制进行,而隐性知识共享则更多地以非正式机制(如师傅带徒弟、非正式交谈等)进行(Zahra 等,2007)。在集体主义组织文化背景下,个体间强调了融洽的关系和彼此间的信任,这将极大地激励组织内部员工间深度共享有价值的知识,从而为新企业建立独特的知识体系奠定基础,以满足企业去创造和维持竞争优势。

集体主义文化下鼓励将个体塑造成互相依赖型自我,强调个体融入集体的重要性并与他人和谐相处,因此这一文化强调了人际关系的重要性(张佳良、范雪灵和刘军,2018)。Jain 等(2015)基于新兴市场的研究便发现,这种关系文化氛围积极推动员工去参与组织的知识贡献以及知识收集过程,在很大程度上强化显性知识共享和隐性知识共享对于组织创新和独立能力构建的积极作用。这种文化的存在对于新企业的价值更为突出,因为本身经验和知识匮乏的背景下,新企业需要及时去更新、学习和内化外部知识以快速建立市场地位。在强调集体主义文化的新企业内部,将有助于构建这种关系文化,通过和谐共处和融洽的沟通在组织内部快速建立正式和非正式机制,以实现显性知识和隐性知识共享所带来新知识的进一步加工和组织化,解决新企业所面临新生困境并形成独特的竞争优势。因此,基于以上分析,本研究提出如下假设:

H5a:集体主义组织文化强化显性知识共享对新企业竞争优势的积极作用,即集体主义在显性知识共享与新企业竞争优势之间起着正向调节作用。

H5b:集体主义组织文化强化隐性知识共享对新企业竞争优势的积极作用,即集体主义在隐性知识共享与新企业竞争优势之间起着正向调节作用。

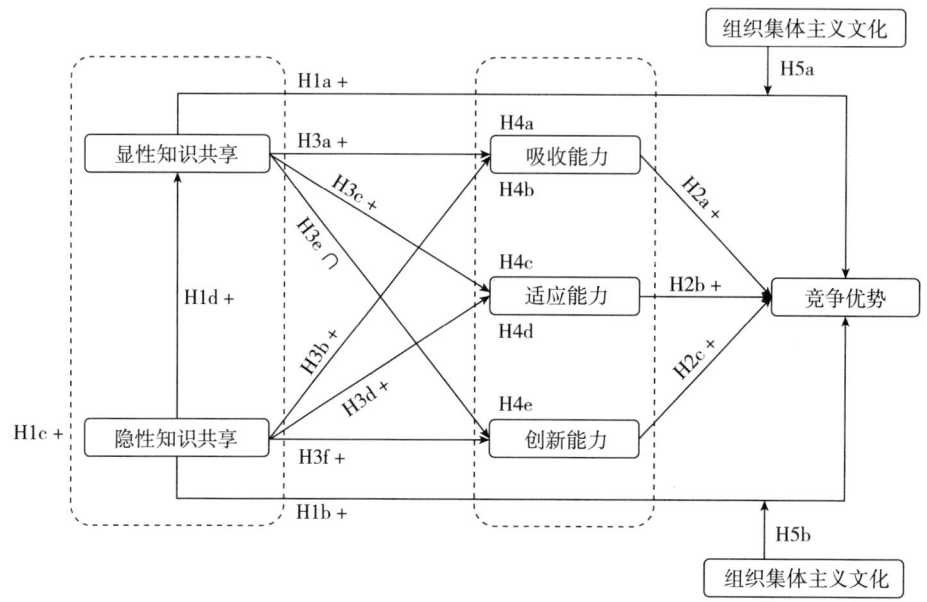

图 4.1　理论模型与研究假设路径

4.6　本章小结

结合前文构建的理论研究模型，基于"知识共享—能力—竞争优势"的理论逻辑，本章的目的旨在以动态能力为中间路径深入剖析知识共享对新企业竞争优势的作用机理，并依据不同影响路径提出相应假设。首先，剖析了显性知识共享和隐性知识共享对新企业竞争优势的影响，并分析了不同类型间知识共享间的关系。其次，剖析了新企业知识共享与动态能力的关系，即显性知识共享和隐性知识共享分别与吸收能力、适应能力和创新能力间的关系。再次，本研究还对动态能力的中介作用提供了理论论证，并在此基础上，分别论述了吸收能力、适应能力和创新能力在显性知识共享和新企业竞争优势以及隐性知识共享和新企业竞争优势间的中介作用。最后，本研究探讨了不同组织文化情境下新企业知识共享对动态能力影响的调节作用。

第 5 章 研究设计

实证研究（Empirical Research）是管理学领域的经典研究范式。本章主要介绍实证研究开展的逻辑思路和科学过程：阐述了与研究主题相关的各变量测量量表设计过程，具体包括了对原有经典量表的选取、改进的优化过程；说明了问卷调查和数据收集过程，对样本的特征进行了详细、具体的描述；对调研数据进行了简单的科学分析，通过检验量表的信度和效度，实现验证问卷的有效性。

5.1 科学的研究过程

研究设计（Research Design）可以作为实证研究的起点，是对整个研究的过程和结构的合理安排（樊景立，2010）。研究者应善于将研究涉及的各个变量整合进入一个清晰连贯的体系，并借此回答研究所提出的问题（Duft，1983）。科学的研究过程中方法与理论同样重要。科学的研究过程保证了始于理论并终于理论的学术研究的严谨性、系统性、可靠性。

本研究基于理论的脉络梳理后，经逻辑推理归纳研究后构建理论研究框架，并进一步运用逻辑演绎的方法将理论转化为假设，进而形成与研究主题密切相关可测量的构念和暂时性的回答。以假设问题来引导研究设计和研究过程的走向，并通过设计构造适当的测量量表和样本框来实地调查收集数据，用于客观地验证假设。经过对样本的归纳、参数估计和测量，以及对数据的科学分析（如相关性分析和回归分析等），检验假设问题的合理性，做出接受或者拒绝的决策，并使观察转化为实证概括，实现本研究既定追逐目标之理论升华和逻辑升华。

本研究秉承着系统的逻辑、批判的精神、认真和怀疑的态度，遵循上述研究过程开展，即是陈晓萍、徐淑英、樊景立在《组织与管理研究的实证方法》中提出的通过逻辑演绎对理论进行证实、修改或反对的科学研究过程，来保障研究的严谨性。

5.2　问卷设计

问卷调查法是开展定量研究的基本方法。它是研究者深入思考后设计的问卷，通过书面问答方式与被访者沟通交流，来收集研究对象关于研究主题的信息和资料的方法。由于其可靠性高和可操作性强受到了众多学者的青睐和认可。陈晓萍、徐淑英和樊景立（2008）对其有效性总结为四个方面：一是合理的问卷设计有助于快速获得需要的数据；二是广泛调研的大样本，使问卷的信度和效度较高，有利于获取高质量的数据；三是匿名调查易于使调查对象消除顾虑和免受外界干扰，有益于数据的客观真实性；四是调研过程省时、省力，实施成本低，性价比较高。

问卷是问卷调查法的核心载体，是为科学研究服务、测量研究对象的行为和态度编制的测量工具。问卷质量的好坏直接影响整项实证研究结果的可靠性和有效性，因此，科学的问卷设计过程在问卷调查法中占据着极为重要的地位（陈晓萍、徐淑英、樊景立，2008）。因此，问卷设计，即问卷的类型、问卷的指导语、

问题的顺序、答案的格式等均应当遵循一定的基本原则。笔者认为具体如下:

(1) 适切性原则。问卷设计遵循的一个总的原则(朱贵芳,2005),具体指问卷设计应该符合研究主题、研究内容、研究目的和研究假设的需要,既要保证问卷收集到的数据和信息可以客观真实地、最大效率地服务于论文的研究需要。此外,问卷设计同时要考虑研究对象和调研对象的具体情况。例如问题的数量多少、措辞的表达方式,问题的难易程度和排列顺序等;受访者的年龄、智力水平和教育程度、心理状况;受访者回答问题时的兴趣点、主观态度和情绪。

(2) 题项表达明确、完整。具体指问卷用词言简意赅、通俗易懂,尽量避免使用专业术语;避免出现因题项设计不完整造成调研对象无法回答的问题、互相排斥的问题;避免出现具有双重语义("二合一")的问题,即一个题项包含了多个问题或不自觉地将两个变量的因果关系表述在一个题项中。

(3) 保持客观和中立。无论研究者自身的价值观和取向如何,问卷设计都不能带有主观倾向性。应尽量避免使用诱导性的语句表述题项,避免将自身的价值取向和观点带入问题中对调查对象形成诱导,影响问卷质量。

(4) 便于整理和数据分析操作。数据收集之后的整理和统计分析等应该设计调研问卷时就同步统筹考虑,因此,问卷题项得到的回答应该是可量化、可编码的,以此来保证实证研究的可行性(李怀祖,2004)。

为了确保调研获得数据的质量,依据上述原则,本研究按照以下步骤实施了精心的问卷设计过程:

第一步,明确研究主题和核心内容。问卷的目的是对研究主题和主要核心内容进行描述,因此,明确主要研究内容是选择好合适量表的前提。

第二步,收集和筛选相关量表。通过对现有理论文献的梳理,整理出学者在前期研究中使用过的经典量表,并对这些量表来源、研究对象以及与研究主题的相关度进行对比分析,与研究主题最为相关的、学者认可度较高、使用频率较高的成熟量表被筛选出作为本书调查问卷设计的依据。研究选择的成熟量表一般具有较高的信度和效度,有利于保障研究的可靠性和有效性。

第三步,量表的翻译和回译(Brislin,1980)。本书问卷量表题项借鉴了国内外学者的理论研究成果。对于来源于国外文献的量表题项，充分考虑东西方文化差异，为了保证研究变量测量和问卷语言的准确性，本研究翻译过程中邀请了精通英语和了解研究领域人员的参与配合，通过多人多次翻译校对保障对英文原文的充分理解和准确。同时，对翻译后的中文题项进行回译后与原始的英文论述进行对照校正，重复多次直至翻译和回译的中英文内容不存在明显差异，将翻译误差降到最低，确保测量的准确性。

第四步，问卷设计。确定了量表题项后，按照规范形成正式调查问卷，具体分为三个部分：第一部分是标题和问卷说明。主要介绍调研者身份、调研目的，并向调研对象承诺调研结果的保密性和学术用途；第二部分是调研对象的基本情况，主要收集调研对象所在的企业情况（如地址、行业、注册时间、规模等）和调研对象自身的职务、工作年限、教育经历、创业经历等信息，部分数据可能用于实证分析的控制变量；第三部分是问卷的核心部分，即相关变量的情况，主要包括与研究主题密切相关的知识共享（显性知识共享—隐性知识共享）、动态能力（适应能力、吸收能力、创新能力）、组织学习以及新企业竞争优势等变量的测量题项。

第五步，访谈征求意见和试调研。为了确保问卷题项均能准确有效地反映变量的内涵，其翻译后的语言和表述能够被调研对象所理解，进而保证本次调研数据的有效性，通过与企业访谈的方式邀请多名创业者参与调研问卷（初稿）的修改。在此基础上，选取创业园区内的20家企业的创始人进行试调研，并对回收的问卷数据进行信度和效度的初步检测，同时，根据检验的效果并结合访谈征集意见对调查问卷的结构以及题项的排序、语言等进一步完善，以确保最终调研结果的可靠性和有效性。

第六部，正式调研。调研前对相关人员进行培训，明确和深入了解调研目的和内容，尽量避免调研过程中人为原因造成的歧义和数据误差。

5.3 数据收集与样本特征

5.3.1 数据收集

管理学领域要以明确具体的人物或事务为研究目标。受限于研究者的时间和投入精力的限制,不可能逐个研究全体研究对象,比较常用的是采取抽样研究(李怀祖,2004)。抽样研究(Sampling Study)是指针对某一问题的较大样本的研究,运用科学抽样的方法,纳入一批适合的研究对象为样本,取样的代表性是整个研究结果是否可靠的关键。样本的最主要特点是要具有代表性,即能够代表总体特征的程度。样本质量好坏决定了研究结论的外推性、适用性和有效性,因此,数据收集和抽样是高质量研究的前提。

本次调研受国家自然科学基金的支持,对新企业的知识管理、知识共享、动态能力情况进行了深入细致的调研,准确、充分地获取了企业的相关信息。本书设定的调研对象是新企业,在样本回收过程中要求按照一定的工商部门注册年限标准对企业进行限定和筛选。企业是有机的生命体,其发展过程需要经历初创、成长、成熟和衰退等各阶段(Miler 和 Friesen,1984),而不同阶段的时间长短又因企业而异。在新企业(New Venture)的年龄划分上,创业领域学者的观点不一致,存在很大分歧。例如,全球创业观察(GEM)报告认为,新企业是创立时间在 3.5 年内的企业;一些学者认为新企业是创立时间在 5 年以内的企业(Pelham,1999);一些学者认为新企业是创立时间在 6 年以内的企业(Bantel,1998);一些学者认为成立 8 年内的企业是新企业(McDougall,1989;Li 和 Zhang,2007;朱秀梅和李明芳,2011;尹苗苗、彭秀青和彭学兵,2014;陈彪,2016);还有一些学者甚至认为成立时间在 10 年内的企业都可以作为新企业(Patel 和 Jayaram,2014;Milanvo 和 Fernhaber,2009)。甚至同一学者在不同时间阶段的研究中对新企业年龄的界定标准都有不同结论,如 Zahra(1996)认为以 8 年为界,Zahra 等(2000)认为以 6 年为界。陈彪(2016)在研究中曾对不同学者分别以注册年限 3.5 年、5 年、8 年、10 年为界定新企业的标准做过总结。通过对现有创业研究文献的梳理发现,以 8 年作为界定新企业的标准受到国内外学者的认可度较高。同时,在前期的企业访谈中也发现,新企业成立时间过短会因多次经历创业失败或缺乏管理经验而使企业不够成熟;成立时间过长会使企业运营和管理的多方面形成固化思维和惯例。综上,本研究将成立时间在 8 年以内的企业视为调研对象。此外,鉴于本文的研究的主题是新企业的知识共享行为和动态能力的形成过程,企业创业者的作为至关重要。因此,为了获取高质量的数据样本,仅将新企业中有过创业经历的创始人和高层管理人员作为调研对象。

　　本研究调研区域选在广东省和海南省。2018 年 10 月 20 日,西南交通大学创新创业研究中心第四次发布《中国大众创业指数(MEI-2018)》(以下简称《指数》)。《指数》包括 4 个一级指标(创业需求、创业服务、创业人才、创业产出)、8 个二级指标(省域消费力指数、省域经济指数、省域公共服务指数、省域金融服务指数、省域创业人才数量、省域创业人才质量、省域创新产出、省域创业产出)和 38 个三级指标等,运用分层主成分分析的数学统计综合评价方法对中国大陆各省域的大众创业情况进行科学评估与排名。其中,《2018 年中国大陆省域大众创业指数》(大陆省域篇)数据主要来自 2017 年国家统计数据、省市统计公报、统计年鉴、政府工作报告,以及专业机构数据库。《指数》的发布,已成为国内观察"大众创业、万众创新"基本走势和创业绩效的指数监测体系。报告显示 2018 年中国大陆 31 个省域大众创业指数排行榜中广东省排名第 2 位,海南省排名第 26 位。因此,广东省和海南省在大众创业环境和大众创业活跃度等方面形成了强烈鲜明的对比,有利于本研究的开展。具体情况如表 5.1 所示。

表 5.1 广东—海南大众创业指数（MEI-2018）对比

省域	大众创业分项制表排名				总体排名
	创业需求	创业服务	创业人才	创业产出	
广东省	4	3	2	1	2
海南省	10	29	27	30	26

资料来源：西南交通大学创新创业研究中心《2018年中国大陆省域大众创业指数》（大陆省域篇）。

调研问卷的收集方式主要有两种：第一，对调研区域内的新企业采取随机的登门访谈式调研。这种调研方式效果明显，共获取问卷73份，其中有效问卷59份。第二，借助作者的个人社会网络关系（亲属、朋友、同学、同事等），分别以电子邮件方式、微信和网络问卷星方式进行调研。其中，电子邮件方式和微信回收问卷175份，有效问卷103份；网络问卷星方式获得152份，有效问卷84份。2018年11月到2019年3月，在广东省和海南省共获取了调研问卷400余份。剔除企业年龄在8年以上的企业样本以及缺失值较多、缺失率较高和问卷回答明显随意的问卷样本后，共得到有效样本246份，有效率为61.5%。其中，广东省企业占比47.56%，海南省企业占比52.44%，比较符合实际分布情况。从统计分析上讲，研究中所采用的分析样本数应为设计变量的5倍以上，并且样本总数量在100以上有助于提高数据检验结果的可信度（Rea 和 Parker，1992）。

5.3.2 样本特征

本研究对回收的246份有效样本的具体特征进行了统计分析，具体情况如表5.2所示。①被访企业的区域分布特征：广东省117份，占有效样本比例为47.56%；海南省129份，占有效样本比例为52.44%。②被访企业的年龄特征：企业成立年限为1~3年的样本有109份，占有效样本比例为44.31%；4~8年的样本有137份，占有效样本比例为55.69%。③企业所属行业特征：科技型企业样本为105份，占有效样本比例为42.68%；非科技型企业样本为141份，占有效样本比例为57.32%。④企业规模特征：员工人数在0~5人的企业样本有24份，占有效样本比例为9.76%；员工人数在5~50人的企业样本有157份，占有效样本比例为63.82%；员工人数在50~250人的企业样本有57份，占有效样本比例为23.17%；员工人数在250人以上的企业样本有8份，占有效样本比例仅为3.25%。⑤本研究调研对象仅为新企业中有过创业经历的创业人或高层管理人员。第一，创业者教育背景特征：创业者学历在高中及以下为8份，占有效样本比例仅为3.25%；创业者是专科学历为45份，占有效样本比例为18.29%；创业者是本科学历为152份，占有效样本比例为61.79%；创业者学历是硕士研究生及以上为41份，占有效样本比例为16.67%。第二，创业经验特征：其中，参与创建过1家新企业的有14份，占有效样本比例为5.69%；参与创建过2家新企业的有75份，占有效样本比例为30.49%；参与创建过3家新企业的有78份，占有效样本比例为31.7%；参与创建过4家新企业的有50份，占有效样本比例为20.33%；参与创建过5家及以上新企业的有29份，占有效样本比例为11.79%。数据显示，大部分调研对象的前期创业经验丰富。

表5.2 样本特征描述性统计（N=246）

基本特征	问卷数量	百分比（%）	基本特征	问卷数量	百分比（%）
被访者职位			创业者教育背景		
创始人	214	86.99	高中及以下	8	3.25
高层管理者	32	13.01	大专	45	18.29
员工人数			大学本科	152	61.79
0~5人	24	9.76	硕士研究生及以上	41	16.67
5~50人	157	63.82	创业经历		
50~250人	57	23.17	1家	14	5.69
250人以上	8	3.25	2家	75	30.49
企业年龄			3家	78	31.7
1~3年	109	44.31	4家	50	20.33
4~8年	137	55.69	5家及以上	29	11.79
区域分布			所在行业		
广东省	117	47.56	高科技企业	105	42.68
海南省	129	52.44	非高科技企业	141	57.32

5.4 变量测量

本研究探讨知识共享、动态能力、组织文化、组织结构与新企业竞争优势间的关系。为了确保变量测量的可靠性，本研究在理论梳理的基础上充分借鉴国内外权威期刊的成熟量表，并采用李克特七级打分法（Seven-point Likert-type）对所有变量进行测量。鉴于本研究变量的测量指标来源于已有的文献，本研究通过翻译和回译、访谈征集意见、案例情景模拟等多种方式对量表测量题项的有效性以及与研究主题的达成度进行验证，同时对语言表述进行润色和完善。各个变量的具体情况如下：

5.4.1 知识共享

知识共享（KS）是本研究的关键变量。本研究主要借鉴了 Wang 和 Wang（2012）以及 Wang、Wang 和 Liang（2014）测量知识共享的量表。两项研究均关注了知识共享与企业绩效间关系的影响，前者还验证了影响过程中创新速度（Innovation Speed）和创新质量（Innovation Quality）的中介作用，后者则关注了智力资本（Intellectual Capital）的中介作用。他们的研究大多将知识共享分为显性知识共享（EKS）和隐性知识共享（TKS）。其中，显性知识共享（EKS）的测量借鉴了 Liebowitz 和 Chen（2004）的研究成果，隐性知识共享（TKS）的测量借鉴了 Holste 和 Fields（2010）、Lin（2007）的研究成果。他们均以来自高科技企业样本数据对理论框架和假设进行了验证。鉴于此，本研究借鉴 Wang 和 Wang（2012）以及 Wang、Wang 和 Liang（2014）的思路，同时结合案例访谈对量表进行简单修订形成本研究的测量量表。最终采用六个题项测量显性知识共享，七个题项测量隐性知识共享，具体的测量量表如表 5.3 所示。

表5.3 知识共享的测量量表

变量		题项（采用李克特七级打分法）
知识共享	显性知识共享	EKS1 我们企业的员工经常与其他成员分享现有的报告和官方文件等材料。
		EKS2 我们企业的员工经常与其他成员分享他们自己整理和准备的报告和官方文件等材料。
		EKS3 我们企业的员工经常从其他成员的工作中收集报告和官方文件等材料。
		EKS4 在我们企业中，经常会提倡知识共享机制来激励员工参与分享。
		EKS5 在我们企业中的员工，经常会有机会接受多样化的培训和发展计划。
		EKS6 在我们企业中的员工，通过使用信息管理系统促进了成功的知识分享。
	隐性知识共享	TKS1 我们企业的员工经常分享有关自己经验的知识。
		TKS2 我们企业的员工经常收集有关他人经验的知识。
		TKS3 我们企业的员工经常与其他成员分享关于"是什么"和"为什么"等方面答疑解惑的知识。
		TKS4 我们企业的员工经常主动从其他成员处收集关于"是什么"和"为什么"等方面有助于自己释疑的知识。
		TKS5 我们企业的员工经常与其他成员分享有关自己专业技能的知识。
		TKS6 我们企业的员工经常根据自身需要收集有关其他成员的专业技能的知识。
		TKS7 我们企业的员工，愿意在必要时分享过去的失败经历中吸取的经验和教训。

5.4.2 动态能力

动态能力的概念是在资源基础观的前提下提出来的，在过去的20年里给实证研究注入了新的活力。尽管如此，动态能力因其概念界定的宽泛性使其的检验和测量在学术界观点不一。Eisenhardt和Martin（2000）指出，企业中的动态能力理论上表现出共性，但这些共性没有被系统识别出来。学者们将动态能力概念化为广泛的资源、过程和能力。Wang和Ahmed（2007）对动态能力发展过程中的理论和实证研究进行了系统的梳理和评述，从数量众多的、碎片化的研究中探讨和识别了不同企业间动态能力的共性（即动态能力的构成要素），即适应能力、吸收能力和创新能力。同时，也阐述了企业如何通过这三个构成要素有效地将内部资源优势和外部竞争优势连接促进发展。他们认为适应能力、吸收能力和创新能力是动态能力的重要组成要素，并且加强了企业整合、重新配置、更新和重新创造适应外部改变资源的能力。Eisenhardt 和 Martin（2000）研究证实，尽管企业均有独特的起点或路径开发他们的动态能力，但这三个构成要素是多个行业的企业均共同需要的（Mota 和 Castro，2004）。

（1）适应能力。在现有的文献中，对适应能力的测量涵盖多个方面，包括企业使产品市场的范围适应外部机会的能力；观察市场、监督顾客和竞争者给影响活动分配资源的能力；以快速的方式应对市场状况变化的能力（Oktemgil 和 Gordon，1997）。Gibson 和 Brikinshaw（2004）在研究中测量适应能力时，通过"评估企业的管理系统是否允许员工去挑战过时的传统、实践行为和有权威的人，允许企业快速应对市场的变化，按照优先顺序应对在商业活动中的改变"。Ma、Yao 和 Xi（2009）用4个 Item 对战略适应能力进行了测量（Zhou 和 Li；2010）。本研究主要借鉴 Gibson 和 Birkinshaw（2004），Ma、Yao 和 Xi（2009），Zhou 和 Li（2010）对适应能力（ADC）进行测量，在这三个研究的基础上，结合创业者的访谈进行整合与修订。最终采用了四个题项进行测量，具体量表参见表5.4中适应能力部分的题项。

（2）吸收能力。从先前的一些代表性学者的研究来看，如 Chen、Lin 和 Chang（2009）用3个题项对吸收能力进行测量，认为吸收能力包括应用新知识的能力，从外部知识中理解、分析和解释信息的能力，以及将现有知识和新获得知识结合、吸收知识的能力。Liao、Fei 和 Chen（2007）用5个 Item 对吸收能力进行了测量，具体包括员工的受教育程度、专业知识情况、是否能在工作中快速全面获取新知识，以及运用和组织新获取知识的能力。对于吸收能力（Absorptive Capacity），本研究主要借鉴 Liao、Fei 和 Chen（2007），Chen、Lin 和 Chang（2009）对吸收能力（ABC）进行测量，在这两个研究的基础上进行整合和修订。最终采用了五个题项加以测量，具体量表参见表5.4中关于吸收能力部分的题项。

（3）创新能力。关于创新的实证研究很早就存在。Avlonitis 等（1994）、Capon 等（1992）、Hurley 和 Hult（1998）、Miller 和 Friesen（1983）、Subramanian

和 Nilakanta（1996）等学者在研究中说明了对组织创新能力的有效测量（如从战略、创新导向、行为、过程、产品和市场创新等视角）（Wang 和 Ahmed，2004）。这些维度对于把创新能力作为动态能力构成的因素进行整体测量很重要。本书主要借鉴 Calantonea、Cavusgila 和 Zhao（2002），Lin（2007）的研究中对创新能力（IC）的测量量表，具体包括企业的新想法和解决问题的路径，在运营管理、市场、产品和服务方面的创新新思路，以及对创新活动的态度等。最终采用了五个题项加以测量，具体量表参见表 5.4 中关于创新能力部分的题项。

表 5.4 动态能力的测量量表

变量		题项（采用李克特七级打分法）
动态能力	适应能力	ADC1 我们企业的管理系统鼓励员工对过时的传统、惯例和权威提出积极的挑战。
		ADC2 我们企业的管理系统足够灵活，允许员工能快速对市场的变化做出应对。
		ADC3 我们企业的管理系统能够应对瞬息万变的业务重心的转变迅速发展。
		ADC4 我们企业快速应对行业政策突变的能力越来越强。
	吸收能力	ABC1 我们企业的员工具备卓越的专业知识。
		ABC2 我们企业的员工可以快速、全面地获取工作所需的新知识。
		ABC3 我们企业的员工的工作技能比竞争对手的员工要更好。
		ABC4 我们企业的员工的受教育程度要普遍好过竞争对手的员工。
		ABC5 我们企业的员工拥有较强的运用和组织新获取知识的能力。
	创新能力	IC1 我们的企业经常会尝试新的想法或思路。
		IC2 我们的企业会愿意寻觅新的途径来解决问题。
		IC3 我们的企业在运营方法方面富有创造性。
		IC4 我们企业经常是第一个向市场推出新颖的产品和新服务。
		IC5 我们企业的新产品开发在过去 5 年中增长得较快。

5.4.3 组织集体主义文化

目前学者们关于组织文化的内涵及其测量主要借鉴了 Hofstede（1980）关于区域文化的研究。在此基础上，一些学者结合组织的特点，相继开发集体主义文化和个体组织文化。例如 Oyserman 等（2002）、Robert 和 Wasti（2002）等的研究都开发出关于集体主义和个体主义文化的测量量表。本研究主要借鉴了 Robert 和 Wasti（2002）的研究，采用七个问题加以测量。具体量表的测量题项如表 5.5 所示。

表 5.5 组织文化的测量量表

变量		题项（采用李克特七级打分法）
组织文化	集体主义文化	OC1 管理者和监事人员对忠诚员工实施保护并慷慨大方。
		OC2 关于工作方法变革的决策由主管和员工共同制定。
		OC3 组织像照顾家庭成员一样照顾员工。
		OC4 每个人都分担组织失败和成功的责任。
		OC5 不论层级，员工把他人的意见考虑在内。
		OC6 员工一旦被录用，组织给予员工各种福利待遇。
		OC7 每个人都能随时了解影响公司的主要决策。

5.4.4 新企业竞争优势

竞争优势体现的是企业在同行业中的相对优势，过去的研究主要关注的是成熟企业的竞争优势，体现为市场占有率、生产效率等方面。本研究探讨的是新企业的竞争优势，主要借鉴了 Wu 等（2009）的研究，从产品质量、生产效率、创新速度、市场反应速度四个方面加以测量。具体量表的题项如表 5.6 所示。

表 5.6 竞争优势的测量量表

变量	题项（采用李克特七级打分法）
竞争优势	AC1 生产效率很高。
	AC2 产品质量很高。
	AC3 创新速度很快。
	AC4 市场反应速度很快。

5.4.5 控制变量

本书选择的控制因素是企业规模、企业年龄和创业者的教育经历,分别设置与其对应的控制变量,目的是避免这些因素给研究结果带来干扰。其中,企业年龄是以在工商部门注册的成立时间为依据(Anderson 和 Reeb, 2003);以企业员工的人数来衡量企业规模,具体设置为6个等级,分别用数字1~6来表示:1 表示 0~5 人、2 表示 5~50 人、3 表示 50~250 人、4 表示 251~1000 人、5 表示 1001~5000 人、6 表示 5000 人以上;教育经历可以衡量创业者的教育背景、层次和认知能力,具体区分为4个学历层次,分别用数字1~4来表示:1 表示高中及以下、2 表示大专、3 表示大学本科、4 表示硕士研究生及以上。

同时,考虑到被调研的企业分别属于不同行业,企业所面对的具体问题和对应的解决策略均不尽相同,所以,企业所在的行业将会对企业行为产生非常重大的影响。因此,本研究区分科技型、非科技型等两类对企业所属行业进行分类,按照虚拟变量的设置原则,用"1"来代表科技型企业,用"0"来代表非科技型企业。由于本研究的样本来自不同地区,为避免区域的不同对结果产生影响,我们设置虚拟变量"所在区域",即"1"为处于海南地区,"0"为其他地区的企业。

5.5 问卷有效性检验

5.5.1 数据同源性偏差检验

如果变量的调查问卷都由一个人填写,变量即使没有理论关系也会相关,即同源误差(Common Variance)。如果调研所获得的问卷都是由一个或者少数调研对象填写的,为了防止上述情况可能引发的同源性偏差问题,本研究采用 Harman 单因子检测的方法来检验（Podsakoff 和 Organ，1986）。结果显示，代表第一主成分 CMV 量的方差贡献率数值没有超过 40%，说明调研数据没有存在明显的数据同源性误差，可以继续进行下面的分析。

5.5.2 效度与信度检验

（1）效度分析。曾五一和黄炳艺（2005）指出，效度分析是用来分析测量变量的准确程度的方法，它可以表明研究试图测量的目标和结果之间的相近程度。调查问卷中，效度主要表明问卷能够有效反映其测量变量理论和内涵有效程度。现有研究比较常用因子分析方法，即关注是否存在同一公共因子。汤淑琴（2015）指出，这种测量方法可以表明指向同一概念的不同问卷题项对概念的贡献，因子载荷值越大的题项与概念的关系密切程度越高（曾五一和黄炳艺，2005）。鉴于此，本研究利用因子载荷方法对问卷进行了初步分析。由于所有题项均借鉴了国内外成熟企业的测量体系，故采用验证性因素分析进行效度检验。结果显示，核心变量知识共享、动态能力三维度、集体主义文化以及竞争优势等各题项因子载荷值均大于 0.6，对大多数都超过了 0.7，可以表明本问卷的效度是符合要求的。主要结果如表 5.7 所示。

（2）信度分析。信度分析评价体系的稳定性和可靠性的方法，目的是分析量表的信度。这种方法的主要特点是：第一，信度分析不能反映测量或量表本身，而是关注测量结果的一致性或稳定性；第二，信度值反映的是特定条件下的一致性，并非一般意义上的一致性；第三，信度是效度的必要补充，但不是充分条件（张虎和田茂峰，2007）。因此，在设计好调研问卷后，信度分析可以帮助考察问卷的有效性和可靠性。从以往学者的研究看，内部一致性系数的检验（Cronbach's α 系数）是信度检验比较常用的方法。借鉴朱秀梅、陈琛和蔡莉（2010），单标安等（2015）的观点，Cronbach's α 系数大于 0.7 就表示着该量表的信度较高。本研究运用 SPSS 18.0 对问卷的信度进行检验，结果显示，显性知识共享、隐性知识共享、适应能力、吸收能力、创新能力、组织文化的 Cronbach's α 系数均大于 0.8，该结果显示本研究具有较好的信度。具体情况如

表5.7所示。

表5.7 各变量的信度与效度分析

题项	描述性统计		因子载荷	Cronbach's	题项	描述性统计		因子载荷	Cronbach's
	均值	标准差				均值	标准差		
显性知识共享					适应能力				
EKS1	4.90	1.303	0.862	0.905	ADC1	5.17	1.049	0.832	0.870
EKS2	4.78	1.255	0.886		ADC2	5.15	1.099	0.870	
EKS3	4.70	1.242	0.855		ADC3	5.17	0.979	0.877	
EKS4	5.10	1.146	0.825		ADC4	5.36	1.059	0.821	
EKS5	5.184	1.084	0.743		吸收能力				
EKS6	5.13	1.061	0.761		ABC1	5.11	1.063	0.773	0.859
隐性知识共享					ABC2	5.13	1.042	0.808	
TKS1	5.06	1.149	0.810	0.916	ABC3	5.21	1.048	0.792	
TKS 2	4.97	1.164	0.848		ABC4	5.09	1.110	0.840	
TKS 3	4.80	1.194	0.845		ABC5	5.26	1.051	0.799	
TKS 4	4.75	1.182	0.840		创新能力				
TKS 5	5.02	1.121	0.830		IC1	5.22	1.069	0.840	0.855
TKS 6	5.04	1.111	0.804		IC2	5.24	0.993	0.850	
TKS 7	5.21	1.122	0.797		IC3	5.15	1.022	0.829	
集体主义文化					IC4	4.93	1.176	0.805	
OCC1	5.48	1.127	0.782	0.897	IC6	4.87	1.215	0.680	
OCC2	5.09	1.203	0.790		竞争优势				
OCC3	5.43	1.216	0.834		AC1	4.90	1.258	0.848	0.824
OCC4	5.23	1.170	0.810		AC2	5.17	1.114	0.831	
OCC5	5.31	1.112	0.805		AC3	4.98	1.143	0.810	
OCC6	5.55	1.137	0.785		AC4	5.25	1.065	0.771	
OCC7	4.99	1.258	0.720						

5.6 本章小结

本章为了提高数据检验结果的准确性和可靠性，依据前文构建的理论模型进行了科学的实证研究设计。第一，为了确保能够获取到高质量的数据，本研究科学规范、细致地进行了问卷的设计，以此来提高和确保调研问题的质量；第二，结合研究问题认真选取了比较具有代表性地区进行问卷调研，通过多种渠道和方式、尽可能多地回收问卷，并对样本数据初步特征分析进行了分析；第三，本研究将调研目标全部锁定为新企业的创业者，确保了调研数据的质量；第四，对于变量的测量，本研究基于具体情境，选择了广泛认可的经典成熟量表，进行针对性的修改和完善；第五，通过 SPSS 18.0 检验了调研数据的信度和效度，结果显示有效样本的信度和效度都满足开展进一步数据分析的要求。

第6章 实证分析与结果讨论

本研究已经检验了问卷的信度和效度，结果显示可以开始进一步的数据分析。本部分将采用 SPSS 18.0 版本统计软件开始实证分析，具体包括描述性统计分析、Pearson 相关分析和多元线性回归分析等，以及对变量间关系进行分析和验证，同时对数据结果进行讨论。

6.1 描述性统计与相关性分析

本研究中各主要变量的描述性统计和相关性分析结果显示，各个主要变量的均值处于合理范围区间内，方差也处于合理范围区间内。同时，各变量间的 Pearson 值（皮尔逊相关系数）显示，核心变量知识共享（显性知识共享和隐性知识共享）、动态能力（适应能力、吸收能力、创新能力）和竞争优势间均存在一定的相关性，初步显示变量之间存在关系，可以开展进一步分析。具体情况如表6.1 所示。

Kleinbaum 等（1998）在研究中指出，数据分析的目的是希望排除变量间可能存在的多重共线性（Common Method Bias，CMB），回归分析的目的是计算模型的方差膨胀因子（Variance Inflation Factor，VIF）。结果显示，不存在明显的多重共线性。

第6章 实证分析与结果讨论

表 6.1 主要变量的描述性统计与相关性分析

变量	1	2	3	4	5	6	7	8	9	10	11
1. 企业年龄	1										
2. 员工数量	0.466***	1									
3. 教育背景	-0.074	-0.106	1								
4. 所在行业	-0.009	0.060	0.023	1							
5. 隐性知识共享	-0.045	-0.030	-0.014	-0.135*	1						
6. 显性知识共享	-0.042	-0.023	0.141*	-0.102	0.575***	1					
7. 吸收能力	-0.096	-0.049	-0.013	-0.130*	0.581***	0.512***	1				
8. 适应能力	-0.098	-0.124	0.018	-0.108	0.494***	0.474***	0.458***	1			
9. 创新能力	-0.037	0.042	0.093	-0.169**	0.596***	0.595***	0.596***	0.532***	1		
10. 组织文化	-0.100	-0.115	0.032	-0.155*	0.565***	0.525***	0.573***	0.574***	0.478***	1	
11. 竞争优势	0.062	0.084	-0.016	-0.120	0.532***	0.421***	0.480***	0.553***	0.558***	0.515***	1
均值	4.09	2.20	2.93	0.77	4.978	4.964	5.160	5.215	5.084	5.298	5.073
标准差	2.302	0.649	0.680	2.308	0.948	0.975	0.853	0.889	0.874	0.927	0.934

注: 区域变量为虚拟变量,因此不列入表中。*** 表示显著性水平 $p<0.001$,** 表示显著性水平 $p<0.01$,* 表示显著性水平 $p<0.05$。

6.2 实证分析

6.2.1 知识共享对新企业竞争优势的影响检验

6.2.1.1 显性/隐性知识共享对新企业竞争优势关系的实证分析

本部分首先构建了模型 1-1,用以检验控制变量(公司的年龄、公司的员工数量、教育背景、行业、所在区域等)对新企业竞争优势的影响。模型 1-1 数据结果显示,所在行业对新企业竞争优势具有显著影响;企业规模、企业年龄、创业者的教育背景和所在区域对新企业竞争优势不存在显著影响。

模型 1-2 是在模型 1-1 的基础上构建的,加入显性知识共享和隐性知识共享,主要目的是验证不同类型的知识共享与新企业竞争优势的关系。表 6.2 的数据结果显示,德宾—沃森系数(Durbin – Watson)为 1.863,较为接近 2,说明模型构建得非常理想。显性知识共享的回归分析标准化系数为 0.201,大于 0,并且在 $p<0.01$ 的显著性水平范围内显著(模型 1 – 2:$\beta=0.201$、$p<0.01$);隐性知识共享的回归分析标准化系数为 0.381,大于 0,并且在 $p<0.001$ 的显著性水平范围内显著(模型 1 – 2:$\beta=0.381$、$p<0.001$)。同时,隐性知识共享的回归分析标准化系数($\beta=0.381$)大于显性知识共享的($\beta=0.201$)。该回归分析数据结果表明:显性知识共享和隐性知识共享均对新企业竞争优势具有积极的影响作用,且隐性知识共享对新企业竞争优势的积极影响更大。由此,本研究假设 H1a、H1b 和 H1c 均得到了数据较好的支持。具体情况如表 6.2 所示。

表 6.2 显性/隐性知识共享对新企业竞争优势影响的回归分析结果

变量	新企业竞争优势(H1a、H1b、H1c)	
	模型 1 – 1	模型 1 – 2
控制变量		
公司年龄	0.003	0.042
公司的员工数量(企业规模)	0.100	0.084
创业者教育背景	0.014	– 0.022
所在行业	– 0.122 +	– 0.051
区域变量	0.096	0.023
模型自变量		
显性知识共享		0.201 **
隐性知识共享		0.381 ***
Durbin – Watson		1.863
R^2	0.032	0.297
调整后的 R^2	0.011	0.276
F 值	1.557	14.297 ***

注:*** 表示显著性水平 $p<0.001$,** 表示显著性水平 $p<0.01$,+ 表示显著性水平 $p<0.1$。

6.2.1.2 显性/隐性知识共享间关系的实证分析

本部分构建模型 1 – 3 和模型 1 – 4 以验证隐性知识共享对显性知识共享的影

响。表 6.3 的数据结果显示，德宾—沃森系数（Durbin – Watson）为 1.718，较为接近 2，说明模型构建得非常理想。隐性知识共享的回归分析标准化系数为 0.585，大于 0，并且在 p < 0.001 的显著性水平范围内显著（模型 1 – 4：β = 0.585、p < 0.001）。该回归分析数据结果表明：隐性知识共享能够积极促进显性知识共享。由此，本研究假设 H1d 得到了数据较好的支持。具体情况如表 6.3 所示。

表 6.3 显性/隐性知识共享间关系的回归分析结果

变量	显性知识共享（H1d）	
	模型 1 – 3	模型 1 – 4
控制变量		
公司年龄	– 0.056	– 0.013
公司的员工数量（企业规模）	0.051	0.041
创业者教育背景	0.177**	0.176**
所在行业	– 0.098	– 0.019
区域变量	0.188**	0.134*
模型自变量		
隐性知识共享		0.585***
Durbin – Watson		1.718
R^2	0.065	0.396
调整后的 R^2	0.046	0.381
F 值	3.342**	26.042***

注：*** 表示显著性水平 p < 0.001，** 表示显著性水平 p < 0.01，* 表示显著性水平 p < 0.05。

6.2.2 动态能力对新企业竞争优势的影响检验

本部分构建了模型 2 – 1 和模型 2 – 2，主要目的是将动态能力分为吸收能力、适应能力、创新能力三部分，验证它们对新企业竞争优势的影响。表 6.4 的数据结果显示，德宾—沃森系数（Durbin – Watson）为 2.005，较为接近 2，说明模型构建得非常理想。吸收能力的回归分析标准化系数为0.231，大于0，并且在p<0.001的显著性水平范围内显著（模型2-2：β=0.231、p<0.001）；适应能力的回归分析标准化系数为0.328，大于0，并且在p<0.001的显著性水平范围内显著（模型2-2：β=0.328、p<0.001）；创新能力的回归分析标准化系数为0.238，大于0，并且在p<0.001的显著性水平范围内显著（模型2-2：β=0.238、p<0.001）。该回归分析数据结果表明：吸收能力、适应能力、创新能力均对新企业竞争优势具有积极的影响作用。由此，本研究假设H2a、H2b和H2c均得到了数据较好的支持，均通过了检验。具体情况如表6.4所示。

表6.4 吸收能力、适应能力、创新能力对新企业竞争优势影响的回归分析结果

变量	新企业竞争优势（H2a、H2b、H2c）	
	模型2-1	模型2-2
控制变量		
公司年龄	0.003	0.072
公司的员工数量（企业规模）	0.100	0.091
创业者教育背景	0.014	-0.023
所在行业	-0.122[+]	-0.019
区域变量	0.096	0.014
模型自变量		
吸收能力		0.231***
适应能力		0.328***
创新能力		0.238***
Durbin-Watson		2.005
R^2	0.032	0.448
调整后的 R^2	0.011	0.429
F值	1.557	23.944***

注：*** 表示显著性水平 p<0.001，+ 表示显著性水平 p<0.1。

第6章 实证分析与结果讨论

6.2.3 知识共享对动态能力的影响检验

6.2.3.1 显性/隐性知识共享与新企业吸收能力关系的实证分析

本部分目的是验证显性/隐性知识共享与吸收能力间的关系，构建了模型 3-1 和模型 3-2，即检验假设 H3a、H3b：显性知识共享积极影响吸收能力，隐性知识共享积极影响吸收能力。表 6.5 的数据结果显示，德宾—沃森系数（Durbin-Watson）为 1.876，非常接近 2，说明模型构建得非常理想。显性知识共享的回归分析标准化系数为 0.223，大于 0，并且在 $p<0.001$ 的显著性水平范围内显著（模型 3-1：$\beta=0.223$、$p<0.001$）；隐性知识共享的回归分析标准化系数为 0.511，大于 0，并且在 $p<0.001$ 的显著性水平范围内显著（模型 3-2：$\beta=0.511$、$p<0.001$）。该回归分析数据结果表明：显性知识共享和隐性知识共享均对吸收能力具有积极的影响作用。由此，本研究假设 H3a 和 H3b 得到了数据较好的支持。同时，隐性知识共享的标准化回归系数（0.511）大于显性知识共享的标准化回归系数（0.223），进一步说明隐性知识共享对吸收能力的积极影响更大。具体情况如表 6.5 所示。

表 6.5 显性/隐性知识共享对吸收能力的回归分析结果

变量	吸收能力（H3a、H3b）	
	模型 3-1	模型 3-2
控制变量		
公司年龄	-0.094	-0.045
公司的员工数量（企业规模）	0.007	-0.013
创业者教育背景	-0.012	-0.053
所在行业	-0.131*	-0.041
区域变量	0.024	-0.065
模型自变量		
显性知识共享		0.223***
隐性知识共享		0.511***
Durbin-Watson		1.876

续表

变量	吸收能力（H3a、H3b）	
	模型 3-1	模型 3-2
模型自变量		
R^2	0.026	0.455
调整后的 R^2	0.006	0.439
F 值	1.292	28.267***

注：*** 表示显著性水平 $p<0.001$，* 表示显著性水平 $p<0.05$。

6.2.3.2 显性/隐性知识共享与新企业适应能力关系的实证分析

本部分的目的是验证显性/隐性知识共享与适应能力间的关系，构建了模型 3-3 和模型 3-4，即检验假设 H3c：显性知识共享积极影响适应能力和假设 H3d：隐性知识共享积极影响适应能力。表 6.6 的数据结果显示，德宾—沃森系数（Durbin-Watson）为 1.935，非常接近 2，说明模型构建得非常理想。显性知识共享的回归分析标准化系数为 0.269，大于 0，并且在 $p<0.001$ 显著性水平范围内显著（模型 3-3：$\beta=0.269$、$p<0.001$）；隐性知识共享的回归分析标准化系数为 0.311，大于 0，并且在 $p<0.001$ 的显著性水平范围内显著（模型 3-4：$\beta=0.311$、$p<0.001$）。该回归分析数据结果表明：显性知识共享和隐性知识共享均对适应能力具有积极的影响作用。由此，本研究假设 H3c 和 H3d 得到了数据较好的支持。同时，隐性知识共享的标准化回归系数（0.311）大于显性知识共享的标准化回归系数（0.269），进一步说明隐性知识共享对适应能力的积极影响更大。具体情况如表 6.6 所示。

表 6.6　显性/隐性知识共享对适应能力的回归分析结果

变量	适应能力（H3c、H3d）	
	模型 3-3	模型 3-4
控制变量		
公司年龄	-0.078	-0.040

第6章 实证分析与结果讨论

续表

变量	适应能力（H3c、H3d）	
	模型3-3	模型3-4
控制变量		
公司的员工数量（企业规模）	-0.057	-0.076
创业者教育背景	0.042	-0.006
所在行业	-0.094	-0.026
区域变量	0.188**	0.109+
模型自变量		
显性知识共享		0.269***
隐性知识共享		0.311***
Durbin-Watson		1.935
R^2	0.062	0.318
调整后的R^2	0.043	0.298
F值	3.172**	15.775***

注：*** 表示显著性水平 $p<0.001$，** 表示显著性水平 $p<0.01$，+ 表示显著性水平 $p<0.1$。

6.2.3.3 显性/隐性知识共享与新企业创新能力关系的实证分析

本部分主要目的是验证显性/隐性知识共享与创新能力间的关系，构建了模型3-5和模型3-6，即检验假设H3e：显性知识共享与新企业创新能力间呈倒U形非线性关系；假设H3f：隐性知识共享对新企业创新能力存在积极影响。表6.7的数据结果显示，德宾—沃森系数（Durbin-Watson）为1.923，非常接近2，说明模型构建得非常理想。显性知识共享平方的回归分析标准化系数为1.127，说明显性知识共享与新企业创新能力关系并不是倒U形关系，因此，本研究假设H3c未得到数据支持。隐性知识共享的回归分析标准化系数为0.357，大于0，并且在 $p<0.001$ 的显著性水平范围内显著（模型3-6：$\beta=0.357$、$p<0.001$）。该回归分析数据结果表明：隐性知识共享对新企业构建创新能力具有积极的影响作用，由此得到了数据较好的支持。具体情况如表6.7所示。

表6.7 显性/隐性知识共享对创新能力的回归分析结果

变量	创新能力（H3e、H3f）	
	模型3-5	模型3-6
控制变量		
公司年龄	-0.088	-0.049
公司的员工数量（企业规模）	0.112	0.095
创业者教育背景	0.113+	0.036
所在行业	-0.175**	-0.088
区域变量	0.063	-0.050
模型自变量		
显性知识共享		-0.740*
隐性知识共享		0.357***
显性知识共享平方		1.127**
Durbin-Watson		1.923
R^2	0.051	0.486
调整后的R^2	0.031	0.468
F值	2.560+	27.854***

注：*** 表示显著性水平 $p<0.001$，** 表示显著性水平 $p<0.01$，* 表示显著性水平 $p<0.05$，+ 表示显著性水平 $p<0.1$。

6.2.4 动态能力的中介作用检验

为了验证动态能力（吸收能力、适应能力、创新能力）在知识共享（显性知识共享、隐性知识共享）与新企业竞争优势关系间的中介作用，具体做了如下几步检验。

6.2.4.1 吸收能力在显性/隐性知识共享与新企业竞争优势间中介作用检验

本部分验证假设H4a和H4b。在前文模型1-2（模型1-2：$\beta=0.201$、$p<0.01$）、（模型1-2：$\beta=0.381$、$p<0.001$）的基础上加入吸收能力变量，构建模型4-1。该模型的数据分析结果表示，在显性知识共享或隐性知识共享对新企业竞争优势影响模型的基础上加入吸收能力后，吸收能力的回归分析标准化系

数为 0.320，且在 p < 0.001 的显著性水平范围内显著（模型 4 - 1：β = 0.320、p < 0.001）。从模型 4 - 1 的结果与模型 1 - 2 的结果对比发现，显性知识共享的系数 β 由 0.201 降为 0.130，隐性知识共享的系数 β 由 0.381 降为 0.218，同时，模型 3 - 2 中自变量显性知识共享和隐性知识共享对中介变量吸收能力的影响显著。根据中介效应检验规则，该数据结果表明，吸收能力在显性知识共享与新企业竞争优势间中介作用显著，同时吸收能力在隐性知识共享与新企业竞争优势间中介作用显著。即假设 H4a 和 H4b 得到了较好的数据支持。具体情况如表 6.8 所示。

表 6.8 吸收能力中介作用的回归分析结果

变量	新企业竞争优势（H4a、H4b）	
	模型 1 - 2	模型 4 - 1
控制变量		
公司年龄	0.042	0.057
公司的员工数量（企业规模）	0.084	0.088
创业者教育背景	-0.022	-0.005
所在行业	-0.051	-0.038
区域变量	0.023	0.044
显性知识共享	0.201**	0.130+
隐性知识共享	0.381***	0.218**
模型中介变量		
吸收能力		0.320***
Durbin - Watson		1.905
R^2	0.297	0.353
调整后的 R^2	0.276	0.331
F 值	14.297***	16.072***

注：*** 表示显著性水平 p < 0.001，** 表示显著性水平 p < 0.01，+ 表示显著性水平 p < 0.1。

6.2.4.2 适应能力在显性/隐性知识共享与新企业竞争优势间中介作用检验

假设 H4c、H4d 的验证。本部分在模型 1 - 2（模型 1 - 2：β = 0.201、p <

0.01)、(模型1-2:β=0.381、p<0.001)的基础上加入适应能力变量,构建研究模型4-2。该模型的数据分析结果表示,在显性知识共享或隐性知识共享对新企业竞争优势影响模型的基础上加入适应能力后,适应能力的回归分析标准化系数为0.398,且在p<0.001的显著性水平范围内显著(模型4-2:β=0.398、p<0.001)。从模型4-2的结果与模型1-2的结果对比发现,显性知识共享的系数β由0.201降为0.094,隐性知识共享的系数β由0.381降为0.258,同时,模型3-4中自变量显性知识共享和隐性知识共享对中介变量适应能力的影响显著。根据中介效应检验规则,该数据结果表明,吸收能力在显性知识共享与新企业竞争优势间中介作用显著,同时,在隐性知识共享与新企业竞争优势间中介作用显著,即假设H4c、H4d得到了数据较好的支持。具体情况如表6.9所示。

表6.9 适应能力中介作用的回归分析结果

变量	新企业竞争优势(H4c、H4d)	
	模型1-2	模型4-2
控制变量		
公司年龄	0.042	0.58
公司的员工数量(企业规模)	0.084	0.114 +
创业者教育背景	-0.022	-0.019
所在行业	-0.051	-0.041
区域变量	0.023	-0.020
显性知识共享	0.201 **	0.094
隐性知识共享	0.381 ***	0.258 ***
模型中介变量		
适应能力		0.398 ***
Durbin - Watson		2.004
R^2	0.297	0.276
调整后的 R^2	0.405	0.385
F 值	14.297 ***	20.066 ***

注:*** 表示显著性水平 p<0.001,** 表示显著性水平 p<0.01,+ 表示显著性水平 p<0.1。

第6章 实证分析与结果讨论

6.2.4.3 创新能力在隐性知识共享与新企业竞争优势间中介作用检验

本部分验证假设 H4e。在模型 1-2 的基础上加入创新能力变量,构建模型 4-3。该模型的数据结果分析表示,在显性/隐性知识共享对新企业竞争优势影响模型的基础上加入创新能力后,创新能力的回归分析标准化系数为 0.362,且在 $p<0.001$ 的显著性水平范围内显著(模型 4-3:$\beta=0.362$、$p<0.001$)。从模型 4-3 的结果与模型 1-2 的结果对比发现,隐性知识共享的系数 β 由 0.372 降为 0.243,同时,模型 3-6 中自变量隐性知识共享对中介变量创新能力的影响显著。根据中介效应检验规则,该数据结果表明,创新能力在隐性知识共享与新企业竞争优势间中介作用显著,即假设 H4e 得到了较好的数据支持。具体情况如表 6.10 所示。

表 6.10 创新能力中介作用的回归分析结果

变量	新企业竞争优势(H4e)	
	模型 1-2	模型 4-3
控制变量		
公司年龄	0.038	0.56
公司的员工数量(企业规模)	0.088	0.053
创业者教育背景	-0.028	-0.041
所在行业	-0.050	-0.019
区域变量	0.018	0.036
显性知识共享	-0.387	-0.119
隐性知识共享	0.372***	0.243**
显性知识共享平方	0.600	0.192
模型中介变量		
创新能力		0.362***
Durbin-Watson		1.955
R^2	0.303	0.370
调整后的 R^2	0.279	0.346
F 值	12.819***	15.360***

注:*** 表示显著性水平 $p<0.001$,** 表示显著性水平 $p<0.01$。

6.2.5 组织文化的调节效应检验

为了验证假设 H5a 和 H5b，我们在模型 1-1 和模型 1-2 的基础上构建了模型 5-1。同样从模型 1-2 的结果来看，自变量显性知识共享和隐性知识共享均对新企业竞争优势产生积极的作用。随后，我们通过模型 5-1 的实证分析结果发现，集体主义与显性知识共享的交互项对新企业竞争优势产生积极显著的影响，回归系数为 1.085，且在显著性水平 $p<0.01$ 范围内显著（模型 5-1：β = 1.085、$p<0.05$）；然而集体主义文化与隐性知识共享的交互项对新企业竞争优势的影响没有通过。由此可以得出，本研究的假设 H5a 得到了数据的验证，但 H5b 并未得到数据的支持。具体情况如表 6.11 所示。

表 6.11 组织文化与知识共享交互项对新企业竞争优势的回归分析结果

变量	新企业竞争优势（H5、H5a、H5b）
	模型 5-1
控制变量	
公司年龄	0.065
公司的员工数量（企业规模）	0.091
创业者教育背景	-0.032
所在行业	-0.020
区域变量	-0.002
集体主义文化	0.543*
显性知识共享	-0.526+
隐性知识共享	0.957**
交互项	
集体主义文化×显性知识共享	1.085*
集体主义文化×隐性知识共享	-1.360*
Durbin-Watson	2.084
R^2	0.397
调整后的 R^2	0.371
F 值	15.391***

注：*** 表示显著性水平 $p<0.001$，** 表示显著性水平 $p<0.01$，* 表示显著性水平 $p<0.05$，+ 表示显著性水平 $p<0.1$。

6.3 结果分析与讨论

本研究探讨不同类型的知识共享、动态能力的不同维度与新企业竞争优势间的内在关系，借鉴知识管理理论、动态能力理论构建相应的理论模型，并提出五个大类、20个假设。基于海南、广东等区域的新企业样本数据的分析结果显示，本研究提出的 18 个假设都通过了数据的支持，仅有假设 H3e：显性知识共享与创新能力的倒 U 形关系和假设 H5b：组织集体主义文化在隐性知识共享与新企业竞争优势间的调节作用 2 个假设未得到数据的验证。具体情况如表 6.12 所示。

表 6.12 假设检验结果

序号	假设		结果
1	H1a	显性知识共享对新企业竞争优势产生积极影响	通过
2	H1b	隐性知识共享对新企业竞争优势产生积极影响	通过
3	H1c	相比较于显性知识共享，隐性知识共享对新企业竞争优势的影响更为显著	通过
4	H1d	隐性知识共享能够积极促进显性知识共享	通过
5	H2a	吸收能力对新企业竞争优势产生积极影响	通过
7	H2b	适应能力对新企业竞争优势产生积极影响	通过
8	H2c	创新能力对新企业竞争优势产生积极影响	通过
9	H3a	显性知识共享对新企业吸收能力存在积极影响	通过
10	H3b	隐性知识共享对新企业吸收能力存在积极影响	通过
11	H3c	显性知识共享对新企业适应能力存在积极影响	通过
12	H3d	隐性知识共享对新企业适应能力存在积极影响	通过
13	H3e	显性知识共享与新企业创新能力间呈倒 U 形非线性关系	未通过
14	H3f	隐性知识共享对新企业创新能力存在积极影响	通过
15	H4a	显性知识共享通过吸收能力而间接影响新企业竞争优势，即从整体上看，吸收能力在显性知识共享与新企业竞争优势之间起着中介效应	通过

续表

序号	假设	结果
16	H4b	隐性知识共享通过吸收能力而间接影响新企业竞争优势,即从整体上看,吸收能力在隐性知识共享与新企业竞争优势之间起着中介效应	通过
17	H4c	显性知识共享通过适应能力而间接影响新企业竞争优势,即从整体上看,适应能力在显性知识共享与新企业竞争优势之间起着中介效应	通过
18	H4d	隐性知识共享通过适应能力而间接影响新企业竞争优势,即从整体上看,吸收能力在隐性知识共享与新企业竞争优势之间起着中介效应	通过
18	H4e	隐性知识共享通过创新能力而间接影响新企业竞争优势,即从整体上看,创新能力在隐性知识共享与新企业竞争优势之间起着中介效应	通过
19	H5a	组织集体主义文化在显性知识共享与新企业竞争优势间的调节作用	通过
20	H5b	组织集体主义文化在隐性知识共享与新企业竞争优势间的调节作用	未通过

针对上述假设结果情况,具体讨论如下:

(1) 知识共享与新企业竞争优势间关系的结果讨论。本研究基于知识管理理论发现,知识作为新企业有价值的、稀缺的和难以模仿的重要资产,是组织得以生存和发展的关键性资源。然而从新企业特征来看,先前经验缺乏、知识基础较为有限(蔡莉等,2012),在处理和面对复杂的、不确定的外部环境和新生劣势时存在较多不足,严重阻碍了其竞争优势的获取。在这一背景下,组织内部员工间的知识共享是其获取和更新知识的关键途径,Eavesl 等(2018)便指出知识共享是企业高效地创造、传递和沉淀知识的重要手段,帮助新企业参与学习以适应竞争环境、开发新产品或服务,从而获取竞争优势。

因此,本研究提出的假设 H1a 和 H1b 检验的显性知识共享和隐性知识共享都对竞争优势产生积极影响,相应的实证分析结果也很好地证实了这些假设。

这对于新企业具有积极的实践意义,即新企业管理者应当在组织内部主动构建正式和非正式的机制来强化显性知识和隐性知识的共享。那些较为成功的创业企业往往注重新知识的获取、消化吸收,在组织内部有畅通的知识流动通道,将员工所获取的新信息和知识内化为组织层面的知识体系,以惯例或制度等形式予以储存。由于显性知识和隐性知识传播的途径存在一定的差异性,新企业应当针对所需的不同类型的知识以匹配的路径予以分享，例如显性知识共享可以通过定期的会议或正式的交流机制予以实现，而隐性知识共享则更需注重体验和理解，通过频繁的深度的非正式交流的形式加以实现。

本研究还提出，显性知识共享与隐性知识共享对新企业竞争的作用存在差异性，即隐性知识共享的作用更为明显。我们的实证分析也很好地支持了这一观点，即假设H1c得到了数据较好的支持。这也意味着新企业在其早期发展阶段更需注重共享员工所具有的隐性知识。特别是那些员工所携带的特殊经验和技能、操作技巧等难以直接以文字或口头传播的知识，一旦转化为新企业组织成员集体的智慧将极大地提升组织凝聚力和竞争优势。

隐性知识因其难以模仿、难以表达等独特性，在这些知识的共享过程中面临着诸多挑战。一旦这些隐性知识顺利地被共享也意味着组织成员对相应知识的深度理解，彼此间更为默契和信任。这将在很大程度上推动组织显性知识共享。因此，我们提出相应的假设H1d。实证分析结果也很好地证实了这一观点，即隐性知识共享将积极促进显性知识共享。该结论也很好地证实了Hau等（2013）等学者的研究结论，即他们认为企业员工如果展现出愿意分享自身宝贵的隐性知识的意图，那么也会愿意分享拥有的显性知识。该结果的启示意义是，新企业应当由上而下都注重隐性知识的共享，广泛吸收员工有价值的隐性经验和技能，为组织的长远发展奠定基础。

（2）动态能力与新企业竞争优势间关系的结果讨论。战略管理领域先前大量的研究已经证实了动态能力作为组织的核心能力，是企业获取竞争优势的重要内部因素。特别是在动荡的环境背景下，企业需要具备应对外部变革的能力，以持续地调整和重配组织资源和能力，从而适应外部的变化（Cepeda 和 Vera，2007）。因此，那些具备动态能力的企业往往能够在动荡的环境中获取和维持竞争优势。

动态能力由多种能力构成，包括吸收能力、适应能力和创新能力（Wang 和 Ahmed，2007；Biedenbach 和 Muller，2012）。其中吸收能力是动态能力的一个关键维度，是指企业识别外部新信息的价值，吸收并将其应用到新企业创业过程中的能力（Cohen 和 Levinthal，1990）；适应能力被定义为企业识别和利用新兴市场相关机会的能力（Wang 和 Ahmed，2007；Biedenbach 和 Müller，2012；Chakravarthy，1982）；而创新能力是企业通过调整战略创新导向与创新行为和过程相适应，来开发新产品、市场的能力。我们认为，这些能力均对新企业竞争优势产生积极作用，即对应提出了三个子假设：H2a、H2b、H2c。

后续基于大规模问卷调查的实证分析结果也很好地证实了这些假设，即吸收能力、适应能力和创新能力都对新企业竞争优势产生积极作用。因此，该结果对于创建不久的新企业而言具有积极意义，即如何建立这种动态能力是新企业得以存活并获得竞争优势的关键点。大量的创业实践也已经表明，新企业面临着极为不确定的外部环境，能否有效地加以应对直接决定着创业的成败。因此，新企业创始人很重要的创业任务便是逐步建立动态能力。

其中吸收能力和适应能力体现出组织内化和运用新知识的能力，将积极推动新企业根据外部市场或政策的变化来做灵活的调整。构建这两种能力的关键在于建立与之相匹配的组织文化氛围，鼓励员工积极参与组织的重要任务工作。创新能力反映出新企业开发新产品或服务的能力，难以一蹴而就，往往涉及持续的构建过程。新企业应当建立恰当的战略规划，以逐步培育这一能力。

对于一些新企业，其创建之初或刚进入市场就采取模仿或跟随战略。尽管这种创业类型的新企业，其创新能力并不高，但这并不意味着不需要动态能力。恰恰相反，对于这一类型的新企业，由于本身的产品或服务与同行业企业的差异并不明显，更易受到市场波动的影响。因此，有远见的创始人往往会从建立长远竞争优势的角度出发，注重自身的吸收能力和适应能力的构建，通过消化、吸收外部的知识和技术，逐步建立创新能力。

（3）新企业知识共享与动态能力间关系的结果讨论。动态能力观强调了知识对于这一能力构建的重要性，其被称为是能力的内核（Teece，1997）。从组织学习角度来看，知识的积累和更新改变组织知识结构，带来组织能力的提升。知识共享则是将个体成员的知识通过分享行为转化为组织知识，提升企业能力的一系列过程。新企业在动态能力方面的先天性弱势使如何获取和提升这一能力成为创始人和管理者应当重点考虑的问题。知识共享将新企业内部员工的新信息和知识予以传播并内化为组织的知识集合（Marsh 和 Stock，2006），以转化为应对内外部环境变革的动态能力。由于新企业环境的不确定性极高，这也意味着其需要处理各种突发状况并且在短时间内提供应对的方案。知识共享所带来的多样性知识和被证明是"对"的经验、技能，将在很大程度上提高新企业应对不确定环境的能力。

本研究的实证分析结果也发现，显性知识共享和隐性知识对新企业吸收能力和适应能力均产生积极作用，即我们提出的假设 H3a、H3b、H3c 和 H3d 都得到了样本较好的支持。该结果也进一步表明知识共享是组织强化和完善知识结构，以更好地利用外部的信息和知识，将其内化吸纳为新企业的能力。特别是一些关键性技能和经验的共享，对于组织充分利用已有的知识发挥重要作用。显性知识和隐性知识的共享也直接推动了组织学习过程。因为员工间的正式和非正式共享知识的行为促进了内部网络的构建并推动了知识在组织内部的流动，从而强化了组织的吸收能力以及对外部环境的适应能力。因此，新企业积极主动地建立知识共享的渠道和机制将在很大程度上推动组织吸收能力和适应能力的提升，从而更好地根据外部环境的变化予以战略规划和调整。

本研究还提出，显性知识共享和隐性知识共享对创新能力的作用存在较大的差异性。由于创新能力是企业持续进行技术改进、开发新产品或服务的能力，是企业难以被模仿的一种核心能力。这一能力的提升不仅需要多样化的知识体系，还需具备与企业产品或服务，或者运营相关的深度知识。因此，我们认为显性知识共享对创新能力的影响并不总是积极的，即存在倒 U 形关系；而隐性知识共享则积极影响创新能力。

我们的实证分析结果发现，假设 H3f：隐性知识共享对新企业创新能力产生积极影响得到了数据支持；然而假设 H3e：显性知识共享与新企业创新能力间呈倒 U 形的非线性关系并未得到数据的支持。我们认为这可能与新企业所面临的独特特征密切相关。新企业本身的知识基础较为薄弱，员工人数并不多，因此在构建创新能力的过程中对于知识和信息极为匮乏。这也意味着尽管显性知识容易被模仿,但对于新企业而言依然重要,可以用于弥补技术开发等过程中的经验不足。因此,与隐性知识共享一样,显性知识共享同样对新企业创新能力产生积极作用,而不是二者存在倒 U 形关系。

(4)动态能力中介作用的结果讨论。结合知识基础—能力—竞争优势这一研究逻辑来看,知识共享行为极大地提高了组织的知识基础,这种动态的知识更新过程促进新企业实时掌握相关的技术和市场知识,并强化应对变革的能力,从而提高组织的动态能力,在动荡的环境背景下获取竞争优势。对新企业也给予了重要的理论指导意义,即在组织发展的早期阶段,创始人或者企业管理者应当重视组织内部各部门员工间的知识共享,并在这一过程中逐步构建稳定的动态能力,为新企业的长远发展和竞争优势的获取奠定基础。我们的调研也发现,一些新企业在进入市场之初有一定的技术或市场优势,因此倾向于采取封闭、保守的态度,拒绝进行知识共享。在高度不确定的环境背景下,这将逐步消耗新企业的优势,直至走向失败。

动态能力具有多个维度,我们也发现吸收能力和适应能力均在两类知识共享(显性知识共享和隐性知识共享)与新企业竞争优势间发挥积极的中介作用,即假设 H4a、H4b、H4c、H4d 都得到了调研样本数据的较好支持。一方面,我们的实证结果很好地证实了显性知识共享和隐性知识共享会通过提高组织的吸收能力和适应能力而对新企业竞争优势产生间接作用。新企业管理者应当在组织内部建立畅通的沟通机制,让普通员工间、员工与管理者间有频繁互动的机会,让有价值的知识能够快速地被传播、共享,成为组织能力的一部分,帮助新企业在激烈的竞争中获得相对优势。另一方面,这也提醒着新企业的管理者们,显性知识共享和隐性知识共享对于新企业的发展极为重要,组织不能仅仅关注外部的市场和顾客需求,在内部如何利用好散落于员工身上的知识和信息也同样重要,因为这是新企业进行试错和经验学习、建立动态能力和竞争优势的重要知识基础。

针对创新能力,我们同样提出这一能力在隐性知识共享与新企业竞争优势间发挥积极的中介作用,即假设 H4e。本章的数据分析结果也很好地支持了这一假设的观点。如前文所述,对于核心技能、技术相关的可操作性知识等隐性知识的共享将极大地激发员工的创造力,提升组织从事创新活动的效率。隐性知识共享为提高新企业的创新能力提供了很好的路径选择,特别是那些倾向于采取引进、消化和吸收的技术路线的新企业,将极大地提高创新效率,从而带来竞争优势的提高。

(5)组织文化的调节作用的结果讨论。组织文化是形成于组织内部并且需要员工去自觉遵守的规范、共同信念和价值观(Hill,2007)。这种文化氛围深刻地影响着组织员工的各种行为,同时对组织的知识管理效率、能力构建等都存在影响。我国作为正处于经济转型期的国家,集体主义文化的烙印依然深刻地影响着组织的行为,是学者关注较多的组织文化类型。

本研究分别检验了集体主义文化在显性知识共享和隐性知识共享与新企业竞争优势间的调节效应,以验证是否存在差异。结果发现,假设 H5a:集体主义文化在显性知识共享与竞争优势间的积极调节效应得到了验证,而假设 H5b 并未得到数据的支持,相反集体主义文化在隐性知识共享与竞争优势间起着负向调节效应。

这一结果与我们前期的理论推导结果并不相符,是非常值得思考的问题。我们认为之所以出现这种情况可能由三个方面的原因所导致。

第一,目前中国情境下的新企业所处的内外部环境已经发生深刻变革,随着社会主义市场经济的不断完善和持续发展,原先拥有的集体主义文化的作用正在慢慢消退,其对社会企业的影响也在逐渐减弱。特别是对于新企业来说,作为刚刚创建的组织,其任务目标是如何存活和成长,更加注重的是经济效益。因此,集体主义文化往往被新企业的创始人和管理者所忽略,其在组织内部对员工行为的影响力也被大大减弱。

第二,结合新企业特征来看,影响知识共享与竞争优势间关系的情境变量可能较多,例如组织结构、外部环境的竞争激烈程度等,因此即便这种集体文化或许有助于推动新企业组织内部的知识共享效率,但可能企业所面临的内外部市场环境或者其他情境因素的作用更加明显,从而极大地弱化了集体主义文化的作用,故导致了这一组织文化在知识共享与新企业竞争优势间的调节效应并不显著。

第三，产生这一情况的原因也可能是本研究的调研样本和区域较为有限。集体主义组织文化可能在不同区域的影响存在差异性。受各种客观因素的影响，我们所获取的问卷依然有限，只在广东省的广州、深圳、珠海、东莞以及海南省的海口、三亚等城市做了调研，难以在北京、天津等靠内陆的发达地区以及西部地区的城市广泛获取样本。样本的偏差导致实证结果的显著性受到影响，只是显性知识共享与竞争优势间关系的调节效应得到了验证。因此，这一研究结果仍然需要更多的样本的支持，以得出更可靠的结论。

6.4 对新企业的启示

"大众创业、万众创新"是经济社会发展的动力之源，也是富民之道、公平之计、强国之策，更是稳增长、扩就业、激发亿万群众智慧和创造力，促进社会纵向流动、公平正义的重大举措。创业者和新企业迎来了"春天"，开启了干事创业的新时代。本书基于知识管理视角研究新企业如何通过有效的知识共享以构建动态能力从而实现竞争优势提升提供相应的理论指导。在相关理论和文献综述的基础上，结合探索性多案例研究构建了"新企业知识—能力"的转化模型，并通过大样本问卷调查获取数据后进行了实证分析。数据分析结果也表明，本研究提出的相关理论模型和假设得到了较好的支持，只有少数两个假设未通过验证。

相关研究结论能够帮助我们清晰地认识到：一方面，知识是企业的基础核心资源，是构成企业能力的核心，对存在新生劣势的新企业是不可或缺的。知识共享作为知识管理的核心环节，对新企业充分利用知识资源促进能够保障其创建和发展的动态能力的形成至关重要。另一方面，随着新企业的成长，创业者需要持续关注构建与新企业特征匹配的能力，来帮助企业有效应对面临的资源约束性障碍、管理松懈、合规合法性问题，并且显性/隐性知识共享能够有效帮助构建新企业所需的吸收能力、适应能力和创新能力，最终促使企业收获竞争优势。因此，本书的研究结论对创业实践具有一定的启示作用，具体体现为以下几个方面：

第一，知识共享是新企业利用知识资源克服新生劣势的法宝。

越来越多的学者意识到，新企业，尤其是正处于初创期的企业，与已经有较长创办历史、经营状况稳定良好的成熟企业相比存在巨大的差异。也不能把新企业当成"大企业的小版本"（李志能，2002），因为新企业缺少资金资本、缺少人力资源、缺少规范的管理流程等，这些都是新企业发展的约束性障碍。由于资源有限，新企业在市场和竞争等方面的力量和影响均较弱（Korl 和 Misangyi，2008），因此创业者的经验和企业拥有的知识对遭受新生劣势的新企业至关重要。

知识是企业获取持续竞争优势的关键来源。由于知识创造的无限性、知识发展的不可逆性、知识传播的路径依赖性以及知识的黏性和内隐性等特质，知识共享成为新企业有效开发与利用知识资源，增强核心竞争力，突破资源约束"瓶颈"的重要途径。新企业应该注重通过知识共享将个体知识转变成集体智慧，帮助企业有效地管理知识资源，构建企业的动态知识库并增加企业的知识容量，以推动新企业产生新的思路和开发新的商机（Darroch 和 McNaughton，2002），提供具有竞争性的商业解决方案（Reid，2003），增强组织绩效并减少学习冗余（Calantone 等，2002；Scarbrough，2003），等等。

因此，新企业创始人或管理者应该充分激励知识共享，建立共同信任和共同愿景来打破知识垄断和主体间的差异，促进互惠的知识共享氛围，以实现克服"新生劣势"并形成竞争优势。例如，新企业定期举办研讨会议，既可以面对面地交流，也可以通过网络进行交流。组织成员们有机会通过演讲、交谈晚餐、聊天等各种方式来交换意见，培养技能，建立联系，这些过程中发生的知识共享对于开发专业技能、产生思想火花的碰撞具有重要作用。

显性知识共享和隐性知识共享都对于新企业竞争优势的形成具有积极影响。但由于这两种知识共享类型针对的共享内容、共享方式、文化导向、制度安排、难易程度等存在差异，在企业知识管理实践中，隐性知识共享相比较于显性知识共享对新企业竞争优势的影响更为显著，并且组织做好隐性知识共享的同时能够促进显性知识共享。这也意味着，新企业需要在强调显性知识共享的同时，更加注重推动隐性知识共享来帮助构建企业所需的动态能力，进而实现提升竞争力和优势。

在创业实践中，显性知识仅是整个知识宝库的可编码、易被复制的部分，隐性知识才是有待于企业去挖掘的无尽财富，是组织解决新生劣势和外部不确定环境的关键性知识（Brockmann 和 Anthony，1998）。因此，新企业要熟知隐性知识依存于个人思想的、特殊情境的、很难形式化和结构化的特征以及跟随学徒或者是经验学习的共享方式，注重培养成员们的共享意愿和主动性，增进成员彼此间的认知、情感和信任（Holste 和 Fields，2010），在组织的社会网络中建立同事之间以互惠原则为基础的人际关系和长期的工作关系，打破存在于阻碍组织内各成员间成功共享隐性知识的壁垒。例如，新企业可以经常组织团建和拓展训练活动，可以经常开展观摩学习和经验分享会，可以搞结对帮扶等措施，促进隐性知识共享。

新企业要通过隐性知识共享对显性知识共享形成补充和促进。显性知识共享可以实现企业员工对已知的、已有的知识结构的重组。可以想象，当组织内的员工已经愿意分享高度个体化的、差异化的、包含核心技能的隐性知识时，那么一定也会愿意分享他拥有的显性知识。新企业可以通过隐性知识共享帮助员工们都能够获得和使用亲身实践的技能、独特的经历和特殊的方法，使他们表现得更加优秀（Bloodgood 和 Chilton，2012），也可以提升共同的认识、触觉体现、社会化技能、直觉、情感以及没有接触过的利益相关者的核心模式，进而增加企业的人力资本。在隐性知识交换的过程中，各方参与者不仅要避免可能严重损害共同利益的要求，同时要通过追逐相同的偏好、共享私人经验、表达善意和指出问题来促进彼此之间的关系（Hsu 和 Wang，2012；Kong 和 Farrell，2010；Wu 等，2009），这能够促进显性知识的共享并最终收获竞争优势。

第二，新企业应注重动态能力的构建，以高效利用知识共享行为去建立持续的竞争优势。

动态能力体现的是组织重构资源和能力以应对外部环境变革的能力，是企业难以被模仿的核心能力。因此，包括吸收能力、适应能力和创新能力在内的动态能力构建对于处于高度不确定性的新企业而言至关重要。我们通过案例访谈和问卷调研发现，新企业往往难以在动态能力的全部维度上均有较好的表现。一些企业吸收能力强，善于识别外部知识的价值，并获取外部知识和内部知识结合。但在该过程中，却缺少系统审视外部环境的能力，无法准确地把握市场需求，无法在知识内化的过程中形成有效识别和利用市场机会、调整资源适应环境变化的能力。还有一些新企业善于利用资源的灵活性对资源调整来适应外部环境的变化，使企业能够及时调整战略创新导向和创新行为来开发新产品、开拓新市场（Wang 和 Ahmed，2004），但却不善于获取外部知识内化来提升能力。

依据知识基础观和动态能力理论，隐性知识和显性知识共同构成企业动态能力的内核，对这些知识的共享为新企业动态能力构建带来有效促进作用。一方面，显性/隐性知识共享对新企业构建吸收能力和创新能力尤显重要。知识共享是新企业作为一种积极的客观存在的体验，能够帮助组织获取外部知识并促使企业的知识体系不断破旧立新的过程，能够促进组织已有知识结构的更新和升级。另一方面，知识共享得到的与创业相关的知识和技能，通常是那些在不确定的环境中赖以进行准确情势分析和决策判断的知识和技能，这些知识和技能可能是公开的、已经编码好的，或者是具有高度的内隐性、新颖性的，新企业运用这种专有的知识能够系统地降低企业运作的不确定性（李志能，2002），实现企业适应能力的提升。

同样，新企业创新能力的构建也离不开隐性知识共享。共享隐性知识可以帮助新企业激发创意的"新颖性"和发掘隐性知识"潜在价值"，这些对创业企业的长远发展是不可或缺的。越新颖的知识，知识转移的过程相对就越长，但发展的潜力和未来价值就越大。因此，基于隐性知识的创新能够成为企业的竞争优势重要来源。

新企业注重动态能力的构建事实上也是对组织知识共享行为的价值的深入利用。从效果来看，显性知识和隐性知识的共享过程一方面直接带来了创业知识，用以解决新企业在当前所面临的资源短缺、经验缺失等创业困境，从而直接作用于竞争优势；另一方面，对新企业而言也是更为关键的一点，显性知识共享和隐性知识共享行为也是组织知识不断被积累和持续被更新的过程。无论是知识的丰富程度还是知识的深度都随着知识在组织内部的有效共享而得到强化。这也为新企业构建核心能力，特别是动态能力奠定基础。因此，新企业放眼于未来，从长远角度出发，在组织内部建立体系化的显性知识和隐性知识共享机制，以构建动态能力为目标，将逐步帮助新企业建立行业竞争地位和市场优势。

6.5 本章小结

本章主要介绍了运用统计分析软件 SPSS 18.0 对调研问卷数据进行分析，对提出的假设进行检验，对结果进行讨论同时提出对新企业创业实践的启示和建议。第一，对理论模型中的变量进行描述性统计和相关性分析，了解数据的整体情况并确保数据符合后续的回归分析要求。第二，采用多元线性回归对理论假设进行检验，数据结果显示，知识共享（含显性和隐性）、适应能力、吸收能力、创新能力均对新企业竞争优势产生积极影响；显性知识共享、隐性知识共享对适应能力、吸收能力均产生积极影响；隐性知识共享对创新能力产生积极影响。然而，本研究提出的显性知识共享与创新能力间呈倒 U 形非线性关系未没有得到数据支持。第三，本研究还检验了动态能力（含吸收能力、适应能力、创新能力）在知识共享（含显性和隐性）对新企业竞争优势影响过程中的中介作用，提出的假设结果显示全部通过。第四，还检验了组织文化（集体主义文化）在知识共享（含显性和隐性）与新企业竞争优势间的调节作用，结果显示，集体主义文化在知识共享与新企业竞争优势间、显性知识共享与新企业竞争优势间的调节作用没有得到数据支持；集体主义文化在隐性知识共享与新企业竞争优势间的调节作用得到数据较好的支持。第五，本研究还对数据分析结果进行了讨论。

第7章 结论、创新点与未来研究展望

7.1 结论

新企业在面临新生劣势和高度不确定性的环境背景下如何获取竞争优势是目前学者争相探讨的重要课题。本研究借鉴知识基础观、动态能力理论以及竞争优势相关理论基础构建了知识共享、动态能力与新企业竞争优势间的理论关系模型，并利用海口等地的六个案例进一步对模型予以验证和修订。在此基础上，我们通过系统的理论分析和逻辑推导，提出五个大类假设（包括20个子假设）。

随后，基于广州、深圳、珠海、东莞、海口、三亚等南方多个城市的246份有效问卷的深度实证分析，对相关假设进行了验证，发现绝大多数假设都得到了数据的支持。该实证分析结果也很好地证实了我们提出的理论模型。通过本研究的系统分析和实证检验，我们得出以下四个主要结论。

（1）知识共享是新企业获得竞争优势的重要基础。本书通过实证研究显示，知识共享划分为显性知识共享和隐性知识共享两个维度来看，都对新企业竞争优势产生积极作用。该研究结果很好地证实了知识基础观和知识管理理论所强调的方面，知识作为一类特殊的资产，对其加以有效共享和传播将对新企业的竞争优势产生积极的推动作用。

（2）动态能力积极促进新企业竞争优势的建立。动态能力作为难以被模仿的核心能力，是新企业应对内、外部变革环境，重新配置内部资源的关键性能力。本研究的实证分析结果显示，动态能力的三个维度吸收能力、适应能力和创新能力均积极提升新企业的竞争优势。本书的研究结论也很好地与战略管理领域的动态能力理论呼应，新企业应当积极构建动态能力，以更好地应对外部竞争并建立优势。

（3）知识共享对于新企业动态能力的构建产生积极的推动作用。知识资源是构建动态能力的重要基础，知识共享则通过提高知识的深度和广度，来作用于动态能力。本书的实证研究表明，显性知识共享和隐性知识共享均能积极提高新企业的动态能力。该研究结果为新企业持续地构建动态能力提供了理论支撑。

（4）动态能力是知识共享对新企业竞争优势产生作用的关键路径。我们发现，知识共享不仅直接影响新企业竞争优势的建立，还会通过动态能力间接作用于竞争优势，即动态能力是知识共享影响竞争优势的重要路径。该研究结果不仅证实了动态能力在知识共享与竞争优势间的中介效应，还是进一步深化了已有知识管理理论，发现了动态能力视角可以很好地解释知识共享对新企业竞争优势的作用机制。

7.2 创新点

本研究结合资源基础理论、知识管理理论和动态能力理论，从知识是能力的内核这一基础理论逻辑展开，深刻洞察新企业特征，关注了新企业中知识管理的核心环节——知识共享及其不同类型（显性知识共享和隐性知识共享）与竞争优势和动态能力的作用机理等研究问题，较好地弥补了已有知识管理和动态能力理论研究不足。本书的创新性体现如下：

(1) 立足于新企业特征，探讨了知识共享概念，并将其分为显性知识共享和隐性知识共享两个维度，深入揭示新企业知识共享的特征，这是知识管理领域的重要问题。已有知识管理研究主要关注了知识获取，而作为知识管理的核心环节和重要问题之一的知识共享却相对研究不足，并且已有的少量研究关注的也是成熟企业而非新企业。本研究对新企业知识共享的概念提炼和维度分析有助于弥补已有知识管理研究不足。

(2) 从知识共享角度分析了新企业如何获取建立竞争优势。新企业面临着较多的不确定性，如何获取竞争优势一直困扰着新企业的创业者。已有研究主要基于资源基础和战略选择来加以分析，而对于资源匮乏、难以利用固定战略的新企业而言，二者均难以带来持续的竞争优势。本研究基于此提出新企业通过积极推动知识共享来获取持续的竞争优势，较好地弥补了已有竞争优势理论研究不足。

(3) 提出动态能力在知识共享与新企业竞争优势间的中介效应，建立知识共享对新企业竞争优势的作用路径模型，并通过大规模的问卷调查进行实证检验，深入地揭示了知识共享对新企业竞争优势的作用机理。已有研究很少关注知识共享如何作用于新企业，本研究提出新企业在知识共享过程中会提升动态能力，继而影响竞争优势，从而指导新企业在进行知识共享的同时，注重动态能力的构建以更好地获取竞争优势。

(4) 探讨了影响知识共享与新企业竞争优势间关系的情境因素，揭示了集体主义文化的调节作用。先前的研究更多地关注了知识共享影响因素或知识共享对竞争优势的直接作用，忽略了反映中国转型经济下创业环境特征的集体主义文化在这一影响过程中的作用。基于此，本研究揭示了集体主义文化在知识共享与竞争优势间的情境化作用，很好地弥补了已有理论研究的不足。

7.3 研究局限性与未来研究展望

本研究整合知识基础理论和动态能力理论,基于动态能力视角研究了知识共享对新企业竞争优势的作用机理,不仅强调了知识共享对新企业竞争优势的重要性,更为重要的是强调了动态能力在其中所起的关键中介效应。对于新企业而言,复杂变化的外部环境必然要求新企业积累和构建丰富的知识资源,同时在组织内部需要注重动态能力的构建,提升其自身吸收外部知识的能力,保持组织内部资源和战略的灵活性,以及开发新产品和服务的创新能力,从而构建持久竞争优势。本研究通过实证分析对相应理论和假设加以验证,并针对创业实践提出了指导和建议。由于本研究在研究精力方面的限制,还存在一些局限性,需要在未来研究中深入探讨。主要体现为以下几个方面:

(1) 根据权变理论的观点,变量之间发生作用关系是需要特定情境条件的,包括组织文化、行业背景、市场环境、制度环境等情境变量都可能影响。本书仅考虑组织集体主义文化的作用,忽略了其他的一系列调节因素对变量间关系的可能影响。例如,科技型企业与非科技型企业在知识共享、动态能力与新企业竞争优势间的关系可能存在差异性。同样的情况可能发生于不同的市场环境、制度环境背景下。因此,未来研究需要结合不同的情境变量的交互效应,深入探索知识共享、动态能力和新企业竞争优势间的动态作用关系。

(2) 新企业不同发展阶段下,知识共享的类型和机制、动态能力的具体体现方式等都存在一定的差异性。本研究仅关注了成立时间在 8 年以内的新企业作为研究对象。成熟企业的知识共享及动态能力与新企业存在哪些方面的差异性?随着新企业经历着由创建、成长到成熟等一系列发展阶段,知识共享、动态能力与新企业竞争优势的关系存在怎样的变革过程?这些都有待在未来研究中加以探讨,因此未来研究应当注重新企业发展的动态性,通过案例和实证共同验证三者

第7章 结论、创新点与未来研究展望

间的内在关系。

（3）现有知识共享和动态能力的研究多是以西方国家的成熟企业为研究背景，而对中国转型环境下新企业的研究相对较少。随着中国经济转型的深入，很多新企业已经意识到知识和与知识相关的动态能力对新企业在竞争激烈、环境复杂、动态性强的环境中追求生存和发展中的重要性。然而，目前极为缺乏基于这一独特情境的研究，并且知识共享与动态能力在中国转型经济背景下的测量体系也尚未成熟。因此，未来研究可以尝试开发适合中国转型环境下新企业特征的知识共享和动态能力的测量工具，探讨转型环境下知识共享、动态能力与新企业竞争优势之间的内在关系，并将其与西方成熟经济情境进行对比分析。

（4）本研究在调研的过程中仅选择了中国南方城市广州、深圳、珠海、东莞、海口、三亚等地的新企业作为样本来源。尽管实证分析较好地支持了我们提出的相应研究模型和理论假设，然而在中国的东部、北部、中部以及西部等地区的新企业是否依然存在类似的结论？不同区域间是否存在差异性等问题都有待于研究者加以关注。因此，未来研究可以深入这些不同地区进行调研以获取相应的样本，从而得出更为可靠的结论。

参考文献

[1] Amit R, Schoemaker P J H. Strategic assets and organizational rent [J]. Strategic Management Journal, 1993, 14.

[2] Abili K, Thani F N, Mokhtarian F, et al. The role of effective Factors on Organizational Knowledge Sharing [J]. Procedia—Social and Behavioral Sciences, 2011, 29 (4): 1701 -1706.

[3] Anderson R C, Reeb D M. Founding - family ownership and firm performance: evidence from the S&P 500 [J]. The Journal of Finance, 2003, 58 (3): 1301 -1328.

[4] Aulawi, H, Sudirman, I, Suryadi, K, et al. Knowledge Sharing Behavior, Antecedent and Their Impact on the Individual Innovation Capability [J]. Journal of Applied Sciences Research, 2009, 5 (12): 2238 -2246.

[5] Amason A C, Shrader R C, Tompson G H. Newness and novelty: Relating top management team composition to new venture performance [J]. Journal of Business Venturing, 2006, 21 (1): 125 -148.

[6] Alavi M, Leidner D E. Knowledge management and knowledge management systems: Conceptual foundations and research issues [J]. MIS Quarterly, 2001: 107 -136.

[7] Akman G, Yilmaz C. Innovative capability, innovation strategy and market orientation: an empirical analysis in Turkish software industry [J]. International Jour-

nal of Innovation Management, 2008, 12 (1): 69 - 111.

[8] Akram F, Bokhari R. The role of knowledge sharing on individual performance considering the factor of motivation—The conceptual framework [J]. International Journal of Multidisciplinary Sciences and Engineering, 2011, 2 (9): 44 - 48.

[9] Athreye S S. The Indian software industry [J]. From Underdogs to Tigers, 2002: 7 - 41.

[10] Bart V D H, De Ridder J A. Knowledge sharing in context: the influence of organizational commitment, communication climate and CMC use on knowledge sharing [J]. Journal of Knowledge Management, 2004, 8 (6): 117 - 130.

[11] Barney J. Firm resources and sustained competitive advantage [J]. Journal of Management, 1991, 17 (1): 99 - 120.

[12] Barney J, Wright M, Ketchen Jr D J. The resource - based view of the firm: Ten years after 1991 [J]. Journal of Management, 2001, 27 (6): 625 - 641.

[13] Bradshaw A, Pulakanam V, Cragg P. Knowledge sharing in IT consultant and SME interactions [J]. Australasian Journal of Information Systems, 2015 (19): S197 - S217.

[14] Barreto I. Dynamic capabilities: A review of past research and an agenda for the future [J]. Journal of Management, 2010, 36 (1): 256 - 280.

[15] Baum J A C, Silverman B S. Picking winners or building them? Alliance, intellectual, and human capital as selection criteria in venture financing and performance of biotechnology startups [J]. Journal of Business Venturing, 2004, 19 (3): 411 - 436.

[16] Bantel K A. Technology - based, "adolescent" firm configurations: strategy identification, context, and performance [J]. Journal of Business Venturing, 1998, 13 (3): 205 - 230.

[17] Brislin R W. Cross - Cultural Research Methods [M]. Environment and Culture, 1980.

[18] Birkinshaw G J. The Antecedents, Consequences, and Mediating Role of Organizational Ambidexterity [J]. The Academy of Management Journal, 2004, 47 (2): 209 – 226.

[19] Biedenbach T, Müller R. Absorptive, innovative and adaptive capabilities and their impact on project and project portfolio performance [J]. International Journal of Project Management, 2012, 30 (5): 621 – 635.

[20] Brockmann E N, Anthony W P. The Influence of Tacit Knowledge and Collective Mind on Strategic Planning [J]. Journal of Managerial Issues, 1998, 10 (2): 204 – 222.

[21] Bloodgood J M, Chilton M A. Performance implications of matching adaption and innovation cognitive style with explicit and tacit knowledge resources [J]. Knowledge Management Research & Practice, 2012, 10 (2): 106 – 117.

[22] Chien S Y, Tsai C H. Dynamic capability, knowledge, learning, and firm performance [J]. Journal of Organizational Change Management, 2012, 25 (3): 434 – 444.

[23] Cai L, Chen B, Chen J Y, et al. Dysfunctional competition & innovation strategy of new ventures as they mature [J]. Journal of Business Research, 2017 (78): 111 – 118.

[24] Chakravarthy B. S. Adaptation: A Promising Metaphor for Strategic Management [J]. Academy of Management Review, 1982, 7 (1): 35 – 44.

[25] Corner P D, Wu S. Dynamic capability emergence in the venture creation process [J]. International Small Business Journal, 2012, 30 (2): 138 – 160.

[26] Chumg H F, Cooke L, Hung I H, et al. Factors affecting knowledge sharing in the virtual organisation [J]. Computers in Human Behavior, 2015, 44 (C): 70 – 80.

[27] Cepeda G, Vera D. Dynamic capabilities and operational capabilities: A knowledge management perspective [J]. Journal of Business Research, 2007, 60

(5): 426-437.

[28] Cho K R, Lee J. Firm characteristics and MNC's intra—network knowledge sharing [J]. Management International Review, 2004, 44 (4): 435-456.

[29] Chen Y S, Lin M J J, Chang C H. The positive effects of relationship learning and absorptive capacity on innovation performance and competitive advantage in industrial markets [J]. Industrial Marketing Management, 2009, 38 (2): 152-158.

[30] Cheng W, Lan H, Xie H. Does Knowledge Sharing Mediate the Relationship between Trust and Firm Performance? [J]. Information Processing 2008 (1): 449-453.

[31] Camisón C, Villar-López A. Organizational innovation as an enabler of technological innovation capabilities and firm performance [J]. Journal of Business Research, 2014, 67 (1): 2891-2902.

[32] Cummings J N. Work Groups, Structural Diversity, and Knowledge Sharing in a Global Organization [J]. Management Science, 2004, 50 (3): 352-364.

[33] Caloghirou Y, Protogerou A, Spanos Y, et al. Industry-Versus Firm-specific Effects on Performance: Contrasting SMEs and Large-sized Firms [J]. European Management Journal, 2004, 22 (2): 231-243.

[34] Calantone R J, Cavusgil S T, Zhao Y. Learning orientation, firm innovation capability, and firm performance [J]. Industrial Marketing Management, 2002, 31 (6): 515-524.

[35] Cohen W M, Levinthal D A. Chapter 3—Absorptive Capacity: A New Perspective on Learning and Innovation [J]. Administrative Science Quarterly, 1990, 35 (1): 128-152.

[36] Cook S D N, Yanow D. Culture and organizational learning [J]. Journal of Management Inquiry, 1993, 2 (4): 373-390.

[37] Camuffo A, Volpato G. Dynamic Capabilities and Manufacturing Automation: Organizational Learning in the Italian Automobile Industry [J]. Industrial &

Corporate Change, 1996, 5 (3): 813 – 838.

[38] Davison R M, Ou C X J, Martinsons M G. Information technology to support informal knowledge sharing [J]. Information Systems Journal, 2012, 23 (1): 89 – 109.

[39] Darroch J, Mcnaughton R. Examining the link between knowledge management practices and types of innovation [J]. Journal of Intellectual Capital, 2002, 3 (3): 210 – 222.

[40] Day G S, Wensley R. Assessing advantage: a framework for diagnosing competitive superiority [J]. Journal of Marketing, 1988, 52 (2): 1 – 20.

[41] De Long D W, Fahey L. Diagnosing cultural barriers to knowledge management [J]. Academy of Management Perspectives, 2000, 14 (4): 113 – 127.

[42] Dew N, Velamuri S R, Venkataraman S. Dispersed knowledge and an entrepreneurial theory of the firm [J]. Journal of Business Venturing, 2004, 19 (5): 679.

[43] Dong Y, Bartol K M, Zhang Z X. Enhancing employee creativity via individual skill development and team knowledge sharing: Influences of dual – focused transformational leadership [J]. Journal of Organizational Behavior, 2017, 38 (3): 439 – 458.

[44] Dyer J H, Nobeoka K. Creating and managing a high – performance knowledge – sharing network: The Toyota case [J]. Strategic Management Journal, 2000, 21 (3): 345 – 367.

[45] Demsetz H. The Theory of the Firm Revisited [J]. Journal of Law, Economics & Organization, 1988, 4 (1): 141 – 161.

[46] Davenport T, Prusak L. Learn how valuable knowledge is acquired, created, bought and bartered [J]. The Australian Library Journal, 1998, 47 (3): 268 – 272.

[47] Delmar F, Shane S. Legitimating first: Organizing activities and the survival of new ventures [J]. Journal of Business Venturing, 2004, 19 (3): 385 – 410.

[48] Dierickx I, Cool K. Asset stock accumulation and sustainability of competitive advantage [J]. Management Science, 1989, 35 (12): 1504 –1511.

[49] Davenport T H, Prusak L. Working knowledge: How organizations manage what they know [M]. Harvard Business Press, 1998.

[50] De Clercq D, Dimov D, Thongpapanl N. Organizational social capital, formalization, and internal knowledge sharing in entrepreneurial orientation formation [J]. Entrepreneurship Theory and Practice, 2013, 37 (3): 505 –537.

[51] DeCarolis D M, Deeds D L. The impact of stocks and flows of organizational knowledge on firm performance: An empirical investigation of the biotechnology industry [J]. Strategic Management Journal, 1999, 20 (10): 953 –968.

[52] Du Plessis M. The role of knowledge management in innovation [J]. Journal of Knowledge Management, 2007, 11 (4): 20 –29.

[53] Du Plessis M. Knowledge management: what makes complex implementations successful? [J]. Journal of Knowledge Management, 2007, 11 (2): 91 –101.

[54] Easterby – Smith M, Antonacopoulou E, Graca M, et al. Organizational learning and dynamic capabilities [M]. Economic & Social Research Council, 2006.

[55] Eavesl S, Kumar V, White G R T, et al. Making it happen: The pivotal role of knowledge sharing for information technology deployment success during joint venture change [J]. Strategic Change, 2018, 27 (3): 245 –255.

[56] Eisenhardt K M, Martin J A. Dynamic capabilities: what are they? [J]. Strategic Management Journal, 2000, 21 (10 –11): 17.

[57] Eisenhardt K M. Building theories from case study research [J]. Academy of Management Review, 1989, 14 (4): 532 –550.

[58] Ellonen H K, Wikström P, Jantunen A. Linking dynamic – capability portfolios and innovation outcomes [J]. Technovation, 2009, 29 (11): 753 –762.

[59] Fong C Y, Ooi K B, Tan B I, et al. HRM practices and knowledge sharing: an empirical study [J]. International Journal of Manpower, 2011, 32 (5/6):

704-723.

[60] Ferreira J, Coelho A, Moutinho L. Dynamic capabilities, creativity and innovation capability and their impact on competitive advantage and firm performance: The moderating role of entrepreneurial orientation [J]. Technovation, 2018.

[61] Grant R M. Toward a knowledge—based theory of the firm [J]. Strategic Management Journal, 1996, 17 (S2): 109-122.

[62] Gupta B, Iyer L S, Aronson J E. Knowledge management: practices and challenges [J]. Industrial Management & Data Systems, 2000, 100 (1): 17-21.

[63] Gersick C J G. Time and transition in work teams: Toward a new model of group development [J]. Academy of Management Journal, 1988, 31 (1): 9-41.

[64] Hoopes D G, Postrel S. Shared knowledge, "glitches," and product development performance [J]. Strategic Management Journal, 1999, 20 (9): 837-865.

[65] Hambrick D C. The top management team: key to strategic success [J]. California Management Review, 1987, 30 (1): 88-108.

[66] Hong P, Doll W J, Nahm A Y, et al. Knowledge sharing in integrated product development [J]. European Journal of Innovation Management, 2004, 7 (2): 102-112.

[67] Helmstadter E. Economics of Knowledge Sharing: A New Institutional Approach [J]. Books, 2003 (2).

[68] Hooff B V D, Weenen F D L V. Committed to share: commitment and CMC use as antecedents of knowledge sharing [J]. Knowledge & Process Management, 2004, 11 (1): 13-24.

[69] Hau Y S, Kim B, Lee H, et al. The effects of individual motivations and social capital on employees' tacit and explicit knowledge sharing intentions [J]. International Journal of Information Management, 2013, 33 (2): 356-366.

[70] Holste J S, Fields D. Trust and tacit knowledge sharing and use [J]. Journal of Knowledge Management, 2010, 14 (1): 128-140.

[71] Huang S C. Cultural Intelligence: Its Influence on Knowledge Sharing and Innovative Behavior [J]. Human Resource Management, 2011, 15 (6): 153 – 164.

[72] Huang T T, Le C, Stewart R A. The moderating effect of knowledge sharing on the relationship between manufacturing activities and business performance [J]. Knowledge Management Research & Practice, 2010, 8 (4): 285 – 306.

[73] Hsu, I C. Knowledge sharing practices as a facilitating factor for improving organizational performance through human capital: a preliminary test [J]. Expert Systems with Applications, 2008, 35 (3): 1316 – 1326.

[74] Hsu I, Sabherwal R. From Intellectual Capital to Firm Performance: The Mediating Role of Knowledge Management Capabilities [J]. IEEE Transactions on Engineering Management, 2011, 58 (4): 626 – 642.

[75] Huber G P. Special Issue: Organizational Learning: Papers in Honor of (and by) James G. March Organizational Learning: The Contributing Processes and the Literatures [J]. Organization Science, 1991, 2 (1): 88 – 115.

[76] Hoegl M, Praveenparboteeah K, Munson C L. Team—Level Antecedents of Individuals' Knowledge Networks [J]. Decision Sciences, 2003, 34 (4): 741 – 770.

[77] Hofstede G. The Cultural Relativity of the Quality of Life Concept [J]. Academy of Management Review, 1984, 9 (3): 389 – 398.

[78] Havens C, Knapp E. Easing into knowledge management [J]. Strategy & Leadership, 1999, 27 (2): 4 – 9.

[79] Hendriks P. Why share knowledge? The influence of ICT on the motivation for knowledge sharing [J]. Knowledge & Process Management, 2015, 6 (2): 91 – 100.

[80] Helfat C E. Know—How and Asset Complementarity and Dynamic Capability Accumulation: The Case of R&D [J]. Strategic Management Journal, 1997, 18 (5): 339 – 360.

[81] Ismail Al—Alawi, Adel, Yousif Al—Marzooqi, Nayla. Fraidoon Moham-

med Y. Organizational culture and knowledge sharing: critical success factors [J]. Journal of Knowledge Management, 2007, 11 (2): 22 –42.

[82] Ibrahim S, Heng L H. Sustaining Knowledge in SMEs: Integrating Workplace Learning in Enhancing Knowledge Sharing Behavior [J]. International Journal of Scientific & Engineering Research, 2015, 6 (2): 491 –498.

[83] Ibrahim S, Heng L H. The Roles of Learning in Stimulating Knowledge Sharing at SMEs [J]. Procedia – Social and Behavioral Sciences, 2015 (172): 230 –237.

[84] Ireland R D, Webb J W. Strategic entrepreneurship: Creating competitive advantage through streams of innovation [J]. Business Horizons, 2007, 50 (1): 49 –59.

[85] Islam M Z, Jasimuddin S M, Hasan I. Organizational culture, structure, technology infrastructure and knowledge sharing [J]. Vine, 2015, 45 (1): 67 –88.

[86] Iyamah F A, Ohiorenoya J O. Knowledge Sharing and Performance in the Nigerian Oil and Gas Industry [J]. Information and Knowledge Management, 2015, 5 (3): 82 –92.

[87] Ipe M. Knowledge Sharing in Organizations: A Conceptual Framework [J]. Human Resource Development Review, 2003, 2 (4): 337 –359.

[88] Jain A K, Moreno A. Organizational learning, knowledge management practices and firm's performance [J]. Learning Organization, 2015, 22 (1): 14 –39.

[89] Jain K K, Sandhu M S, Goh S K. Organizational climate, trust and knowledge sharing: insights from Malaysia [J]. Journal of Asia Business Studies, 2015, 9 (1): 54 –77.

[90] Jones M C, Cline M, Ryan S. Exploring knowledge sharing in ERP implementation: an organizational culture framework [J]. Decision Support Systems, 2006, 41 (2): 411 –434.

[91] Johnson B, Lorenz E, Lundvall BA. Why all this fuss about codified and tacit knowledge? [J]. Industrial and Corporate Change, 2002, 11 (2): 245 –262.

[92] Jo S J, Joo B K. Knowledge sharing: The influences of learning organization

culture, organizational commitment, and organizational citizenship behaviors [J]. Journal of Leadership & Organizational Studies, 2011, 18 (3): 353 -364.

[93] Krizman, A. Involvement, knowledge sharing and proactive improvement as antecedents of logistics outsourcing performance [J]. Economic and Business Review, 2009, 11 (3): 233 -256.

[94] Kim T T, Lee G. Hospitality employee knowledge - sharing behaviors in the relationship between goal orientations and service innovative behavior [J]. International Journal of Hospitality Management, 2013, 34 (Complete): 324 -337.

[95] Kazanjian R K. Relation of dominant problems to stages of growth in technology—Based new ventures [J]. Academy of Management Journal, 1988, 31 (2): 257 -279.

[96] Kleinbaum D G, Kupper L L, Muller K E. Applied regression analysis and other multivariable methods—PWS [J]. 1998.

[97] Karagiannis D, Waldner F, Stoeger A, et al. A knowledge management approach for structural capital [C]. International Conference on Practical Aspects of Knowledge Management. Springer, Berlin, Heidelberg, 2008: 135 -146.

[98] Kor Y Y, Misangyi V F. Outside directors' industry—Specific experience and firms' liability of newness [J]. Strategic Management Journal, 2008, 29 (12): 1345 -1355.

[99] Kwok S H, Gao S. Attitude Towards Knowledge Sharing Behavior [J]. Journal of Computer Information Systems, 2005, 46 (2): 45 -51.

[100] Knight G A, Cavusgil S T. Innovation, organizational capabilities, and the born—global firm [J]. Journal of International Business Studies, 2004, 35 (2): 124 -141.

[101] Li H. Developing Shared Knowledge in Growing Firms [J]. The Journal of Law, Economics, and Organization, 2017, 33 (2): 332 -376.

[102] Learned E P. Business policy: Text and cases [M]. RD Irwin, 1969.

[103] Lee C K, Suliman A H. Factors Impacting Knowledge Sharing [J]. Journal of Information & Knowledge Management, 2002, 1 (1): 15–25.

[104] Lee J S, Hsieh C J. A research in relating entrepreneurship, marketing capability, innovative capability and sustained competitive advantage [J]. Journal of Business & Economics Research, 2010, 8 (9): 109–119.

[105] Liao S H, Fei W C, Chen C C. Knowledge sharing, absorptive capacity, and innovation capability: an empirical study of Taiwan's knowledge–intensive industries [J]. Journal of Information Science, 2007, 33 (3): 340–359.

[106] Li D, Liu J. Dynamic capabilities, environmental dynamism, and competitive advantage: Evidence from China [J]. Journal of Business Research, 2014, 67 (1): 2793–2799.

[107] Li, H. Y., Zhang, Y., The role of managers' political networking and functional experience in new venture performance: Evidence from China's transition economy [J]. Strategic Management Journal, 2007, 28 (8): 791–804.

[108] Lin H F. Effects of extrinsic and intrinsic motivation on employee knowledge sharing intentions [J]. Journal of Information Science, 2007, 33 (2): 135–149.

[109] Lin H F, Su J Q, Higgins A. How dynamic capabilities affect adoption of management innovations [J]. Journal of Business Research, 2016, 69 (2): 862–876.

[110] Lee J N. The impact of knowledge sharing, organizational capability and partnership quality on IS outsourcing success [J]. Information and Management, 2001, 38 (5): 323–335.

[111] Lee J H, Kim Y G. A stage model of organizational knowledge management: a latent content analysis [J]. Expert Systems with Applications, 2001, 20 (4): 299–311.

[112] Liebowitz J, Chen Y. Knowledge Sharing Proficiencies: The Key to Knowledge Management [J]. Handbook on Knowledge Management, 2004.

[113] Lin H F, Lee G G. Perceptions of senior managers toward knowledge–

sharing behaviour [J]. Management Decision, 2004, 42 (1): 108 – 125.

[114] Lane P J, Koka B R, Pathak S. The reification of absorptive capacity: A critical review and rejuvenation of the construct [J]. Academy of Management Review, 2006, 31 (4): 833 – 863.

[115] Majchrzak, A, Cooper, L P & Neece, O E. Knowledge reuse for innovation [J]. Management Science, 2004, 50 (2): 174 – 188.

[116] Matzler K, Mueller J. Antecedents of knowledge sharing—Examining the influence of learning and performance orientation [J]. Journal of Economic Psychology, 2011, 32 (3): 317 – 329.

[117] Marsh S J, Stock G N. Creating dynamic capability: The role of intertemporal integration, knowledge retention, and interpretation [J]. Journal of Product Innovation Management, 2006, 23 (5): 422 – 436.

[118] Martinkenaite I, Breunig K J. The emergence of absorptive capacity through micro—macro level interactions [J]. Journal of Business Research, 2016, 69 (2): 700 – 708.

[119] Mcadam R, Moffett S, Jian P. Knowledge sharing in Chinese service organizations: a multi case cultural perspective [J]. Journal of Knowledge Management, 2012, 16 (1): 129 – 147 (19).

[120] Mahoney J T, Pandian J R. The resource—based view within the conversation of strategic management [J]. Strategic Management Journal, 2010, 13 (5): 363 – 380.

[121] Mcdermott R, O'Dell C. Overcoming Cultural Barriers to Sharing Knowledge [J]. Journal of Knowledge Management, 2001, 5 (1): 76 – 85.

[122] McDougall P P. International versus domestic entrepreneurship: new venture strategic behavior and industry structure [J]. Journal of Business Venturing, 1989, 4 (6): 387 – 400.

[123] Mota J, Castro L M D. A Capabilities Perspective on the Evolution of

Firm Boundaries: A Comparative Case Example from the Portuguese Moulds Industry [J]. Journal of Management Studies, 2004, 41 (2): 295 – 316.

[124] Morse E A, Fowler S W, Lawrence T B. The impact of virtual embeddedness on new venture survival: Overcoming the liabilities of newness [J]. Entrepreneurship Theory and Practice, 2007, 31 (2): 139 – 159.

[125] Ma X, Yao X, Xi Y. How do interorganizational and interpersonal networks affect a firm's strategic adaptive capability in a transition economy? [J]. Journal of Business Research, 2009, 62 (11): 1087 – 1095.

[126] Matthew C T, Sternberg R J. Developing experience—based (tacit) knowledge through reflection [J]. Learning & Individual Differences, 2009, 19 (4): 530 – 540.

[127] Miller D, Friesen P H. A Longitudinal Study of the Corporate Life Cycle [J]. Management Science, 1984, 30 (10): 1161 – 1183.

[128] Milanov H, Fernhaber S A. The impact of early imprinting on the evolution of new venture networks [J]. Journal of Business Venturing, 2009, 24 (1): 60 – 61.

[129] Mahoney J T, Pandian J R. The resource—based view within the conversation of strategic management [J]. Strategic Management Journal 1992, 13 (5): 363 – 380.

[130] Newbert S L. New firm formation: A dynamic capability perspective [J]. Journal of Small Business Management, 2005, 43 (1): 55 – 77.

[131] Nielsen P, Anders. Understanding dynamic capabilities through knowledge management [J]. Journal of Knowledge Management, 2006, 10 (4): 59 – 71.

[132] Nonaka I, Toyama R. The theory of the knowledge—creating firm: subjectivity, objectivity and synthesis [J]. Industrial and Corporate Change, 2005, 14 (3): 419 – 436.

[133] Nonaka I. Strategies for Innovation Redundant, Overlapping Organization: A Japanese Approach to Managing the Innovation Process [J]. California Management Review, 1990, 32 (3): 27 – 38.

[134] Nonaka I. A Dynamic Theory of Organizational Knowledge Creation [J]. Organization Science, 1994, 5 (1): 14 – 37.

[135] Nonala I, Kenney M. Towards a new theory of innovation management: A case study comparing Canon, Inc. and Apple Computer, Inc. [J]. Journal of Engineering & Technology Management, 1991, 8 (1): 67 – 83.

[136] Nonaka I, Konno N. The Concept of "Ba": Building a Foundation for Knowledge Creation [J]. California Management Review, 1998, 40 (3): 40 – 54.

[137] Oktemgil M, Greenley G. Consequences of high and low adaptive capability in UK companies [J]. European Journal of Marketing, 1997, 31 (7): 445 – 466.

[138] Powell T. Organizational Alignment as Competitive Advantage [J]. Strategic Management Journal, 2010, 13 (2): 119 – 134.

[139] Penrose E. The theory ofthe growth ofthe firm [J]. John Wiley & Sons, New York, 1959.

[140] Pelham, A M. Influence of environment, strategy, and market orientation on performance in small manufacturing firms [J]. Journal of Business Research, 1999, 45 (1): 33 – 46.

[141] Patel P C, Jayaram J. The antecedents and consequences of product variety in new ventures: An empirical study [J]. Journal of Operations Management, 2014, 32 (1 – 2): 34 – 50.

[142] Patel P C, Fiet J O. Knowledge Combination and the Potential Advantages of Family Firms in Searching for Opportunities [J]. Entrepreneurship Theory & Practice, 2011, 35 (6): 1179 – 1197.

[143] Prahalad C K, Hamel G. The Core Competence of the Corporation [J]. Social Science Electronic Publishing, 2010, 68 (3): 275 – 292.

[144] Paarup Nielsen A. Understanding dynamic capabilities through knowledge management [J]. Journal of Knowledge Management, 2006, 10 (4): 59 – 71.

[145] Podsakoff P M, Organ D W. Self – reports in organizational research:

Problems and prospects [J]. Journal of Management, 1986, 12 (4): 531-544.

[146] Porter M E. Technology and competitive advantage [J]. Journal of Business Strategy, 1985, 5 (3): 60-78.

[147] Priem R L, Butler J E. Is the Resource—Based "View" a Useful Perspective for Strategic Management Research? [J]. Academy of Management Review, 2001, 26 (1): 41-56.

[148] Purvis R L, Sambamurthy V, Zmud R W. The Assimilation of Knowledge Platforms in Organizations: An Empirical Investigation [J]. Organization Science, 2001, 12 (2): 117-135.

[149] Ritala P, Olander H, Michailova S, et al. Knowledge sharing, knowledge leaking and relative innovation performance: An empirical study [J]. Technovation, 2015 (35): 22-31.

[150] Reychav I, Weisberg J. Going beyond technology: Knowledge sharing as a tool for enhancing customer-oriented attitudes [J]. International Journal of Information Management, 2009, 29 (5): 353-361.

[151] Rivera-Vazquez J C, Ortiz-Fournier L V, Flores F R. Overcoming cultural barriers for innovation and knowledge sharing [J]. Journal of Knowledge Management, 2009, 13 (5): 257-270.

[152] Rindova V P, Kotha S. Continuous "Morphing": Competing through Dynamic Capabilities, Form, and Function [J]. Academy of Management Journal, 2001, 44 (6): 1263-1280.

[153] Robert C, Wasti S A. Organizational individualism and collectivism: Theoretical development and an empirical test of a measure [J]. Journal of Management, 2002, 28 (4): 544-566.

[154] Shan S, Xin T, Wang L, et al. Identifying Influential Factors of Knowledge Sharing in Emergency Events: A Virtual Community Perspective [J]. Systems Research & Behavioral Science, 2013, 30 (3): 367-382.

[155] Scarbrough H. Knowledge management, HRM and the innovation process [J]. International Journal of Manpower, 2003, 24 (5): 501 -516.

[156] Stinchcombe A L. Social structure and organizations [J]. Advances in Strategic Management, 2000, 17 (17): 229 -259.

[157] Spanos Y E, Lioukas S. An examination into the causal logic of rent generation: contrasting Porter's competitive strategy framework and the resource—based perspective [J]. Strategic Management Journal, 2001, 22 (10): 907 -934.

[158] Setyanti S, Troena E A, Nimran U, et al. Innovation Role in Mediating the Effect of Entrepreneurship Orientation, Management Capabilities and Knowledge Sharing Toward Business Performance: Study at Batik SMEs in East Java Indonesia [J]. IOSR J. Business Manag, 2013, 8 (4): 16 -27.

[159] Singh J V, Tucker D J, House R J. Organizational legitimacy and the liability of newness [J]. Administrative Science Quarterly, 1986: 171 -193.

[160] Sáenz, J, Aramburu, N, & Blanco, C E. Knowledge sharing and innovation in Spanish and Colombian high—tech firms [J]. Journal of Knowledge Management, 2012, 16 (6): 919 -933.

[161] Small C T. An enterprise knowledge—sharing model: A complex adaptive systems perspective on improvement in knowledge sharing [J]. Leading Edge, 2005.

[162] Subramanian A, Nilakanta S. Organizational innovativeness: Exploring the relationship between organizational determinants of innovation, types of innovations, and measures of organizational performance [J]. Omega, 1996, 24 (6): 631 -647.

[163] Sun P Y T, Anderson M H. An Examination of the Relationship between Absorptive Capacity and Organizational Learning, and a Proposed Integration [J]. International Journal of Management Reviews, 2010, 12 (2): 130 -150.

[164] Spender J C, Marr B. How a knowledge—based approach might illuminate the notion of human capital and its measurement [J]. Expert Systems with Applications, 2006, 30 (2): 265 -271.

[165] Teece, D J. Strategics for managing knowledge assets: The role of firm structure and industrial context [J]. Long Range Planning, 2000, 33 (2): 35 - 54.

[166] Teece D J. Explicating dynamic capabilities: the nature and microfoundations of (sustainable) enterprise performance [J]. Strategic Management Journal, 2007, 28 (13): 1319 - 1350.

[167] Taminiau Y, Smit W, Lange A D. Innovation in management consulting firms through informal knowledge sharing [J]. Journal of Knowledge Management, 2009, 13 (1): 42 - 55 (14).

[168] Teece D J, Pisano G, Shuen A. Dynamic capabilities and strategic management [J]. Strategic Management Journal, 1997, 18 (7): 25.

[169] Teece D, Pisano G. The Dynamic Capabilities of Firms: an Introduction [J]. Industrial and Corporate Change, 1994, 3 (3): 537 - 556.

[170] Tsai W. Social structure of "Coopetition" within a multiunit organization: coordination, competition, and intraorganizational knowledge sharing [J]. Organization Science, 2002, 13 (2): 179 - 190.

[171] Tseng S M, Lee P S. The effect of knowledge management capability and dynamic capability on organizational performance [J]. Journal of Enterprise Information Management, 2014, 27 (2): 158 - 179.

[172] Tuominen M, Rajala A, Möller K. How does adaptability drive firm innovativeness? [J]. Journal of Business Research, 2004, 57 (5): 495 - 506.

[173] Todorova G, Durisin B. Absorptive Capacity: Valuing a Reconceptualization [J]. Academy of Management Review, 2007, 32 (3): 774 - 786.

[174] Timmons J A, Spinelli S. New venture creation: Entrepreneurship for the 21st century [M]. Burr Ridge, IL: Irwin, 1994.

[175] Takeuchi H, Nonaka I. Theory of organizational knowledge creation [J]. Organization Science, 2000, 5 (1): 14 - 37.

[176] Weitz B A, Sujan H, Sujan M. Knowledge, motivation, and adaptive be-

havior: A framework for improving selling effectiveness [J]. Journal of Marketing, 1986, 50 (4): 174-191.

[177] Winter S G. Understanding Dynamic Capabilities [J]. Strategic Management Journal, 2003, 24 (10): 991-995.

[178] Wang Z, Wang N, Liang H. Knowledge sharing, intellectual capital and firm performance [J]. Management Decision, 2014, 52 (2): 230-258.

[179] Wang Z, Wang N. Knowledge sharing, innovation and firm performance [J]. Expert Systems with Applications, 2012, 39 (10): 8899-8908.

[180] Wang S, Noe R A. Knowledge sharing: A review and directions for future research [J]. Human Resources Management Review, 2010, 20 (2): 115-131.

[181] Wu L Y, Wang C J, Tseng C Y, et al. Founding team and start—up competitive advantage [J]. Management Decision, 2009, 47 (2): 345-358.

[182] Wohlgemuth V, Wenzel M. Dynamic capabilities and routinization [J]. Journal of Business Research, 2016, 69 (5): 1944-1948.

[183] Woiceshyn J, Daellenbach U. Integrative capability and technology adoption: evidence from oil firms [J]. Industrial and Corporate Change, 2005, 14 (2): 307-342.

[184] Wang C L, Ahmed P K. Dynamic Capabilities: A Review and Research Agenda [J]. International Journal of Management Reviews, 2007, 9 (1).

[185] Wuryaningrat N F. Knowledge sharing, absorptive capacity and innovation capabilities: An empirical study on small and medium enterprises in North Sulawesi, Indonesia [J]. Journal of Information Science, 2013.

[186] Wernerfelt B. A resource—based view of the firm [J]. Strategic Management Journal, 1984, 5 (2): 171-180.

[187] Walter A, Auer M, Ritter T. The impact of network capabilities and entrepreneurial orientation on university spin—off performance [J]. Journal of Business Venturing, 2006, 21 (4): 541-567.

[188] Xue Y, Bradley J, Liang H. Team climate, empowering leadership, and knowledge sharing [J]. Journal of Knowledge Management, 2011, 15 (2): 299 – 312 (14).

[189] Yeşil S, Koska A, Büyükbeşe T. Knowledge Sharing Process, Innovation Capability and Innovation Performance: An Empirical Study [J]. Procedia—Social and Behavioral Sciences, 2013 (75): 217 – 225.

[190] Yang J T. Individual attitudes and organisational knowledge sharing [J]. Tourism Management, 2008, 29 (2): 345 – 353.

[191] Yang J T. Knowledge sharing: Investigating appropriate leadership roles and collaborative culture [J]. Tourism Management, 2007, 28 (2): 530 – 543.

[192] Yang J T. Antecedents and consequences of knowledge sharing in international tourist hotels [J]. International Journal of Hospitality Management, 2010, 29 (1): 1 – 52.

[193] Yang J. The impact of knowledge sharing on organizational learning and effectiveness [J]. Journal of Knowledge Management, 2007, 11 (2): 83 – 90.

[194] Yin R K. Case study research: design and methods [J]. Journal of Advanced Nursing, 2010, 44 (1): 108 – 108.

[195] Yusof Z M, Ismail M B. The impact of awareness, trust and personality on knowledge sharing practice [C]. International Conference on Information Retrieval & Knowledge Management. IEEE, 2010: 321 – 325.

[196] Zahra S A, Ireland R D, Hitt M A. International expansion by new venture firms: International diversity, mode of market entry, technological learning, and performance [J]. Academy of Management Journal, 2000, 43 (5): 925 – 950.

[197] Zahra S A, Neubaum D O, Bárbara Larra et al. Knowledge sharing and technological capabilities: The moderating role of family involvement [J]. Journal of Business Research, 2007, 60 (10): 1070 – 1079.

[198] Zahra S A, Nielsen A P, Bogner W C. Corporate entrepreneurship,

knowledge, and competence development [J]. Entrepreneurship Theory Practice, 1999, 23 (3): 169 - 190.

[199] Zahra S A, George G. Absorptive capacity: A review, reconceptualization, and extension [J]. Academy of Management Review, 2002, 27 (2): 185 - 203.

[200] Zahra S A, Sapienza H J, Davidsson P. Entrepreneurship and Dynamic Capabilities: A Review, Model and Research Agenda [J]. Journal of Management Studies, 2006, 43 (4): 917 - 955.

[201] Zahra S A. Technology strategy and financial performance: Examining the moderating role of the firm's competitive environment [J]. Journal of Business Venturing, 1996, 11 (3): 189 - 219.

[202] Zhou K Z, Li C B. How strategic orientations influence the building of dynamic capability in emerging economies [J]. Journal of Business Research, 2010, 63 (3): 0 - 231.

[203] Zollo M, Winter S G. Deliberate learning and the evolution of dynamic capabilities [J]. Organization Science, 2002, 13 (3): 339 - 351.

[204] Zellner C. The economic effects of basic research: evidence for embodied knowledge transfer via scientists' migration [J]. Research Policy, 2003, 32 (10): 1881 - 1895.

[205] Zárraga C, Bonache J. Assessing the team environment for knowledge sharing: an empirical analysis [J]. International Journal of Human Resource Management, 2003, 14 (7): 1227 - 1245.

[206] Zawislak P A, Cherubini Alves A, Tello - Gamarra J, et al. Innovation capability: From technology sevelopment to transaction capability [J]. Journal of Technology Management & Innovation, 2012, 7 (2): 14 - 27.

[207] 蔡莉,尹苗苗,柳青. 创业网络对新创企业动态能力的影响研究: 组织学习的中介作用 [A] //第四届 (2009) 中国管理学年会——创业与中小企业管理分会场论文集 [C]. 中国管理现代化研究会, 2009: 10.

[208] 蔡莉, 杨阳, 单标安, 任萍. 基于网络视角的新企业资源整合过程模型 [J]. 吉林大学社会科学学报, 2011 (3): 124-129.

[209] 蔡莉, 汤淑琴, 马艳丽, 高祥. 创业学习、创业能力与新企业绩效的关系研究 [J]. 科学学研究, 2014, 32 (8): 1189-1197.

[210] 蔡莉, 单标安, 汤淑琴等. 创业学习研究回顾与整合框架构建 [J]. 外国经济与管理, 2012 (5): 1-8.

[211] 陈晓萍, 徐淑英, 樊景立. 组织与管理研究的实证方法 [M]. 北京: 北京大学出版社, 2008.

[212] 陈国权, 宁南. 团队建设性争论、从经验中学习与绩效关系的研究 [J]. 管理科学学报, 2010, 13 (8): 65-77.

[213] 陈涛, 朱智洺, 王铁男. 组织记忆、知识共享与企业绩效 [J]. 研究与发展管理, 2015, 27 (2): 43-55.

[214] 陈彪. 创业者领导行为、战略形成与新企业绩效关系研究 [D]. 长春: 吉林大学, 2016.

[215] 陈彪, 单标安. 转型环境下创业战略与新创企业竞争优势关系研究 [J]. 科技进步与对策, 2018, 35 (3): 8-14.

[216] 陈彪, 蔡莉, 陈琛等. 新企业创业学习方式研究——基于中国高技术企业的多案例分析 [J]. 科学学研究, 2014 (3): 392-399.

[217] 陈彪, 单标安, 汤淑琴. 创业者领导行为与新创企业绩效——科技型和非科技型企业的比较研究 [J]. 当代经济管理, 2019 (3): 17-24.

[218] 陈彪. 战略形成、创业学习与新创企业绩效 [J]. 外国经济与管理, 2017 (9): 3-15.

[219] 董保宝, 李白杨. 新创企业学习导向、动态能力与竞争优势关系研究 [J]. 管理学报, 2014, 11 (3): 376-382.

[220] 董保宝, 葛宝山, 王侃. 资源整合过程、动态能力与竞争优势: 机理与路径 [J]. 管理世界, 2011 (3): 92-101.

[221] 董保宝, 周晓月. 网络导向、创业能力与新企业竞争优势——一个交

互效应模型及其启示 [J]. 南方经济, 2015, 33 (1): 37-53.

[222] 董保宝. 网络结构、动态能力与企业竞争优势 [M]. 北京: 世界图书出版公司, 2014.

[223] 董俊武, 黄江圳, 陈震红. 基于知识的动态能力演化模型研究 [J]. 中国工业经济, 2004 (2): 77-85.

[224] 董俊武, 黄江圳, 陈震红. 动态能力演化的知识模型与一个中国企业的案例分析 [J]. 管理世界, 2004 (4): 117-127, 156.

[225] 冯军政, 魏江. 国外动态能力维度划分及测量研究综述与展望 [J]. 外国经济与管理, 2011 (7): 26-33.

[226] 樊治平, 孙永洪. 知识共享研究综述 [J]. 管理学报, 2006, 3 (3): 371-378.

[227] 弋亚群, 李垣, 刘益. 企业动态能力的构建及其对战略变化影响的理论框架 [J]. 管理评论, 2006, 18 (10): 30-34.

[228] 顾琴轩, 傅一士, 贺爱民. 知识共享与组织绩效: 知识驱动的人力资源管理实践作用研究 [J]. 南开管理评论, 2009, 12 (2): 59-65.

[229] 黄旭, 程林林. 西方资源基础理论评析 [J]. 财经科学, 2005 (3): 94-99.

[230] 胡望斌, 张玉利, 牛芳. 我国新企业创业导向、动态能力与企业成长关系实证研究 [J]. 中国软科学, 2009 (4): 107-118.

[231] 贺小刚, 李新春, 方海鹰. 动态能力的测量与功效: 基于中国经验的实证研究 [J]. 管理世界, 2006 (3): 94-103.

[232] 金辉, 杨忠, 黄彦婷等. 组织激励、组织文化对知识共享的差异化作用机理——基于修订的社会影响理论 [J]. 科学学研究, 2013, 31 (11): 1697-1707.

[233] 焦豪. 双元型组织竞争优势的构建路径: 基于动态能力理论的实证研究 [J]. 管理世界, 2011 (11): 76-91.

[234] 焦豪, 魏江, 崔瑜. 企业动态能力构建路径分析: 基于创业导向和组织学习的视角 [J]. 管理世界, 2008 (4): 91-106.

[235] 李志能. 新创企业: 大企业的"小版本"? [J]. 南开管理评论, 2002, 5 (3): 33-38.

[236] 李怡靖. 基于知识的企业核心能力与知识管理研究 [D]. 昆明: 昆明理工大学, 2007.

[237] 李怀祖. 管理研究方法论 (第2版) [M]. 西安: 西安交通大学出版社, 2004.

[238] 李瑞雪, 彭灿, 杨晓娜. 以双元创新为中介过程的开放式创新对企业核心能力的影响 [J]. 科技进步与对策, 2018, 36 (4): 90-97.

[239] 雷磊, 胡金晨, 彭小宝. 制度主义视阈下中小企业技术创新核心刚性治理研究 [J]. 科学管理研究, 2019, 37 (1): 66-69.

[240] 卢启程. 企业动态能力的形成和演化——基于知识管理视角 [J]. 研究与发展管理, 2009, 21 (1): 70-78.

[241] 卢启程, 梁琳琳, 贾非. 战略学习如何影响组织创新——基于动态能力的视角 [J]. 管理世界, 2018, 34 (9): 115-135.

[242] 刘井建. 创业学习、动态能力与新创企业成长支持模式研究 [J]. 科学学与科学技术管理, 2011, 32 (2): 127-132.

[243] 刘建新, 陈雪阳. 知识管理, 动态能力与竞争优势 [J]. 工业技术经管, 2008, 27 (8): 56-61.

[244] 刘婷, 刘益. 组织文化、影响策略与营销渠道成员间知识共享的关系研究 [J]. 科学学与科学技术管理, 2008, 29 (6): 82-85.

[245] 林嵩, 张帏, 林强. 高科技创业企业资源整合模式研究 [J]. 科学学与科学技术管理, 2005, 26 (3): 143-147.

[246] 毛基业, 李晓燕. 理论在案例研究中的作用——中国企业管理案例论坛 (2009) 综述与范文分析 [J]. 管理世界, 2010 (2): 106-113.

[247] 孟晓斌, 王重鸣, 杨建锋. 企业动态能力理论模型研究综述 [J]. 外国经济与管理, 2007, 29 (10).

[248] 马鸿佳, 董保宝, 葛宝山. 高科技企业网络能力、信息获取与企业绩

效关系实证研究[J]. 科学学研究, 2010, 28（1）: 127-132.

[249] 面向中国制造 2025 的创新能力建设与竞争优势塑造[J]. 管理科学, 2016, 29（4）: 44.

[250] 秦鹏飞, 申光龙, 胡望斌, 王星星. 知识吸收与集成能力双重调节下知识搜索对创新能力的影响效应研究[J]. 管理学报, 2019, 16（2）: 219-228.

[251] 任萍. 新企业网络导向、资源整合与企业绩效关系研究[D]. 长春: 吉林大学, 2011.

[252] 孙红霞. 知识基础资源与竞争优势: 创业导向与学习导向的联合调节效应[J]. 南方经济, 2016, 35（9）: 32-46.

[253] 孙海法, 刘运国, 方琳. 案例研究的方法论[J]. 科研管理, 2004, 25（2）: 107-112.

[254] 单标安, 陈海涛, 鲁喜凤等. 创业知识的理论来源、内涵界定及其获取模型构建[J]. 外国经济与管理, 2015, 37（9）: 17-28.

[255] 单标安, 李文玉, 鲁喜凤等. 技术创业者的创业学习: 学习目标与学习方式变革——基于新生创业者的多案例研究[J]. 外国经济与管理, 2018, 40（6）: 17-28.

[256] 汤淑琴, 陈彪, 陈娟艺. 知识共享对新企业双元机会识别的动态影响研究[J]. 情报科学, 2018, 36（1）: 141-146.

[257] 汤淑琴, 蔡莉, 陈娟艺, 李佳宾. 经验学习对新企业绩效的动态影响研究[J]. 管理学报, 2015, 12（8）: 1154-1162.

[258] 汤淑琴. 创业者经验、双元机会识别与新企业绩效的关系研究[D]. 长春: 吉林大学, 2015.

[259] 汤勇. 社会网络视角下集体创新研究的理论溯源与方法实现[J]. 科技进步与对策, 2014（18）: 154-160.

[260] 魏江, 焦豪. 基于企业家学习的中小企业动态能力作用机理研究[J]. 商业经济与管理, 2007, 1（10）: 27-31.

[261] 魏江, 焦豪. 创业导向、组织学习与动态能力关系研究[J]. 外国

经济与管理, 2008, 30 (2): 36-41.

[262] 邬爱其, 李生校. 从"到哪里学习"转向"向谁学习"——专业知识搜寻战略对新创集群企业创新绩效的影响 [J]. 科学学研究, 2011, 29 (12): 1906-1913.

[263] 王娟茹, 罗岭. 知识共享行为、创新和复杂产品研发绩效 [J]. 科研管理, 2015, 36 (6): 37-45.

[264] 王永丽, 张玉玲, 张智宇等. 破坏性领导行为对组织承诺的不同作用效果分析——员工文化价值观的调节作用 [J]. 管理评论, 2013, 25 (11): 95-105.

[265] 王婧, 吴贵生, 汪涛. 所有制视角下服务资源、动态能力和竞争优势: 基于中国科技服务业的实证研究 [J]. 科研管理, 2018, 39 (2): 38-45.

[266] 王建军, 昝冬平. 动态能力、危机管理与企业竞争优势关系研究 [J]. 科研管理, 2015, 36 (7): 79-85.

[267] 吴航, 陈劲. 新兴经济国家企业国际化模式影响创新绩效机制——动态能力理论视角 [J]. 科学学研究, 2014, 32 (8).

[268] 徐国东, 郭鹏. IT能力、知识共享对组织创新绩效影响的实证研究 [J]. 情报杂志, 2012, 31 (7): 116-120.

[269] 徐淑英, 边燕杰, 郑国汉. 中国民营企业的管理和绩效: 多学科视角 [M]. 北京: 北京大学出版社, 2008.

[270] 许晖, 王琳. 知识进化、惯例演化下的国际新创企业组织能力提升——以天士力国际营销控股有限公司为例 [J]. 科学学与科学技术管理, 2016, 37 (7).

[271] 许晖, 薛子超, 邓伟升. 企业知识向营销动态能力转化机制——宏济堂与天士力双案例对比研究 [J]. 经济管理, 2018, 40 (6): 117-135.

[272] 姚艳虹, 孙芳琦, 陈俊辉. 知识结构, 环境波动对突破式创新的影响 [J]. 科技进步与对策, 2018, 35 (10): 1-8.

[273] 杨秀芝, 李柏洲. 企业适应能力的内涵及其提升对策研究 [J]. 管

理世界, 2007 (4): 166-167.

[274] 杨伟, 刘益, 沈灏, 王龙伟. 管理创新与营销创新对企业绩效的实证研究——基于新创企业和成熟企业的分类样本 [J]. 科学学与科学技术管理, 2011, 32 (3): 67-73.

[275] 杨波. 新创企业知识、能力、战略与竞争优势的关系研究 [D]. 重庆: 重庆大学, 2014.

[276] 于米. 个人/集体主义倾向与知识分享意愿之间的关系研究: 知识活性的调节作用 [J]. 南开管理评论, 2011, 14 (6): 149-157.

[277] 尹苗苗, 蔡莉. 创业网络强度、组织学习对动态能力的影响研究 [J]. 经济管理, 2010 (4): 180-186.

[278] 尹苗苗, 彭秀青, 彭学兵. 中国情境下新企业投机导向对资源整合的影响研究 [J]. 南开管理评论, 2014, 17 (6): 149-157.

[279] 钟竞. 高技术企业跨边界学习研究 [D]. 上海: 同济大学, 2007.

[280] 邹波, 张巍, 王晨. 从个体吸收能力到组织吸收能力的演化——以知识共享为中介 [J]. 科研管理, 2019, 40 (1): 32-41.

[281] 曾萍, 邓腾智, 曾雄波. IT 基础、知识共享与组织创新——来自珠三角企业的经验证据 [J]. 科学学研究, 2011, 29 (11): 1696-1708.

[282] 曾五一, 黄炳艺. 调查问卷的可信度和有效度分析 [J]. 统计与信息论坛, 2005, 20 (6).

[283] 张文忠, 王丹. 竞争战略下技术创新企业绩效与长期竞争优势分析 [J]. 税务与经济, 2017 (6): 38-43.

[284] 张佳良, 范雪灵, 刘军. 组织领地行为的新探索——基于个体主义与集体主义文化对比视角 [J]. 外国经济与管理, 2018, 40 (6): 73-85.

[285] 张光明, 徐飞. 全面质量管理与企业创新能力、竞争优势的关系——基于资源和动态能力视角 [J]. 科技管理研究, 2017, 37 (2): 39-45.

[286] 张虎, 田茂峰. 信度分析在调查问卷设计中的应用 [J]. 统计与决策, 2007 (21): 25-27.

[287] 朱秀梅. 资源获取、创业导向与新创企业绩效关系研究 [J]. 科学学研究, 2008, 26 (3): 589-595.

[288] 朱秀梅, 张妍, 陈雪莹. 组织学习与新企业竞争优势关系——以知识管理为路径的实证研究 [J]. 科学学研究, 2011, 29 (5): 745-755.

[289] 朱秀梅, 陈琛, 蔡莉. 网络能力、资源获取与新企业绩效关系实证研究 [J]. 管理科学学报, 2010, 13 (4): 44-56.

[290] 朱秀梅, 孔祥茜, 鲍明旭. 学习导向与新企业竞争优势: 双元创业学习的中介作用研究 [J]. 研究与发展管理, 2014, 26 (2): 9-16.

[291] 朱秀梅, 李明芳. 创业网络特征对资源获取的动态影响——基于中国转型经济的证据 [J]. 管理世界, 2011 (6): 105-115.

[292] 朱贵芳. 谈调查研究中的问卷设计 [J]. 莆田学院学报, 2005, 12 (6): 41-44.

[293] 周永红, 吴银燕, 宫春梅. 基于企业联盟的知识共享模式分析 [J]. 情报理论与实践, 2014, 37 (12): 57-60.

[294] 周荣虎. 基于知识共享与动态能力的供应链关系品质创新力研究 [J]. 商业经济研究, 2017 (2): 138-140.

[295] 周国华, 马丹, 徐进等. 组织情境对项目成员知识共享意愿的影响研究 [J]. 管理评论, 2014, 26 (5): 61.

[296] 臧树伟, 陈红花. 创新能力如何助力本土品牌厂商"换道超车"? [J]. 科学学研究, 2019, 37 (2): 338-350.

附录 调查问卷

尊敬的先生/女士：

您好！我们是吉林大学创业研究中心的研究人员，受国家自然科学基金委资助开展本次调查。非常感谢您的参与，您的支持对于我们研究项目的成功有重要的意义。本次问卷调查可采用匿名形式，我们郑重承诺本次调研仅用作学术研究，不会对外泄露您企业的信息。对您的真诚合作致以衷心的感谢！

联系人：   E – mail：

1. 基本情况

101. 您的姓名：_____

102. 电子邮箱/电话：_____

103. 公司注册的时间：_____

104. 您公司的员工人数：

□<5人　□5~50人　□51~250人　□251~1000人　□1001~5000人

□5000人以上

105. 您公司所在的行业：□高科技企业　□非高科技企业

（请注明具体行业）_____

106. 您的职务：□创始人　□高层管理人员　□中层管理人员　□其他

107. 您在该公司工作的年限：_____年

108. 您参与创建过的新企业数量：

□没有 □1家 □2家 □3家 □4家 □5家及以上

109. 您的学历 □高中及以下 □大专 □大学本科 □硕士研究生及以上

* 以下问题请从"1＝极其不同意"到"7＝非常同意"的7个选项中选出最适合您的一个选项。

2. 关于您公司的显性知识共享

EKS1 员工经常分享现有的报告和官方文件等材料

EKS2 员工经常分享他们自己整理和准备的报告和官方文件等材料

EKS3 员工经常从其他成员的工作中收集报告和官方文件等材料

EKS4 公司提倡知识共享机制来激励员工参与分享

EKS5 员工经常有机会接受多样化的培训和发展计划

EKS6 员工通过使用信息管理系统促进了知识分享

3. 关于您公司的隐性知识共享

TKS1 员工经常分享有关自己经验的知识

TKS2 员工经常收集有关他人经验的知识

TKS3 员工经常与其他成员分享关于"是什么"和"为什么"等方面答疑解惑的知识

TKS4 员工经常主动从其他成员处收集关于"是什么"和"为什么"等方面的知识

TKS5 员工经常与其他成员分享有关自己专业技能的知识

TKS6 员工经常根据自身需要收集有关其他成员的专业技能的知识

TKS7 员工愿意在必要时分享过去的失败经历中吸取的经验和教训

4. 关于您公司的吸收能力

ABC1 我们企业的员工具备卓越的专业知识

ABC2 我们企业的员工可以快速、全面地获取工作所需的新知识

ABC3 我们企业的员工的受教育程度要普遍好过竞争对手企业的员工

ABC4 我们企业的员工拥有较强的运用和组织新获取知识的能力

5. 关于您公司的适应能力

ADC1　我们企业的管理系统鼓励员工对过时的传统、惯例和权威提出挑战

ADC2　我们企业的管理系统足够灵活，允许员工能快速对市场的变化做出应对

ADC3　我们企业的管理系统能够应对瞬息万变的业务重心的转变迅速发展

ADC4　我们企业快速应对行业政策突变的能力越来越强

6. 关于您公司的创新能力

IC1　公司经常会尝试新的想法或思路

IC2　公司经常寻觅新的途径来解决问题

IC3　公司在运营方法方面富有创造性

IC4　公司经常率先向市场推出新颖的产品和新服务

IC5　公司新产品开发在过去几年中增长较快

7. 组织文化（集体主义文化）

OC1　管理者和监事人员对忠诚员工实施保护并慷慨大方

OC2　关于工作方法变革的决策由主管和员工共同制定

OC3　组织像照顾家庭成员一样照顾员工

OC4　每个人都分担组织失败和成功的责任

OC5　不论层级，员工把他人的意见考虑在内

OC6　员工一旦被录用，组织给予员工各种福利待遇

OC7　每个人都能随时了解影响公司的主要决策

8. 竞争优势

CA1　生产效率很高

CA2　产品质量很高

CA3　创新速度很快

CA4　市场反应速度很快